A parte obscura de nós mesmos

Transmissão da Psicanálise
diretor: Marco Antonio Coutinho Jorge

Elisabeth Roudinesco

A parte obscura de nós mesmos
Uma história dos perversos

Tradução:
André Telles

Revisão técnica:
Marco Antonio Coutinho Jorge
*Programa de Pós-graduação em Psicanálise,
Instituto de Psicologia/Uerj*

9ª reimpressão

Copyright © 2007 by Éditions Albin Michel

Tradução autorizada da primeira edição francesa, publicada em 2007
por Éditions Albin Michel, de Paris, França

Cet ouvrage, publié dans le cadre du Programme d'Aide à la Publication Carlos
Drummond de Andrade de l'Ambassade de France au Brésil, bénéficie du soutien
du Ministère français des Affaires Etrangères et Européennes.

Este livro, publicado no âmbito do programa de participação à publicação Carlos
Drummond de Andrade da Embaixada da França no Brasil, contou com o apoio
do Ministério francês das Relações Exteriores e Européias.

Título original
La part obscure de nous-mêmes: Une histoire des pervers

Capa
Sérgio Campante

cip-Brasil. Catalogação-na-fonte
Sindicato Nacional dos Editores de Livros, rj

	Roudinesco, Elisabeth, 1944-
R765p	A parte obscura de nós mesmos: uma história dos perversos / Elisabeth Roudinesco; tradução André Telles; revisão técnica Marco Antonio Coutinho Jorge. — 1ª ed. — Rio de Janeiro: Zahar, 2008.

(Transmissão da psicanálise)

Tradução de: La part obscure de nous-mêmes: une histoire des pervers.
isbn 978-85-378-0081-2

1. Perversão sexual — História. 2. Psicanálise e literatura. 3. Perversão
sexual na literatura. i. Título. ii. Série.

	cdd: 155.232
08-1693	cdu: 159.923

Todos os direitos desta edição reservados à
editora schwarcz s.a.
Praça Floriano, 19, sala 3001 — Cinelândia
20031-050 — Rio de Janeiro — rj
Telefone: (21) 3993-7510
www.companhiadasletras.com.br
www.blogdacompanhia.com.br
facebook.com/editorazahar
instagram.com/editorazahar
twitter.com/editorazahar

Sumário

Introdução • *7*

1 **O sublime e o abjeto** • *15*

2 **Sade para e contra si mesmo** • *44*

3 **Iluminismo sombrio ou ciência bárbara?** • *76*

4 **As confissões de Auschwitz** • *125*

5 **A sociedade perversa** • *163*

Agradecimentos • *222*

"Quanto maior a beleza, maior a ignomínia."

GEORGES BATAILLE

Introdução

Embora as perversões sexuais constituam objeto de diversos estudos, dentre os quais dicionários especializados (de sexologia, de erotismo, de pornografia), não temos nenhuma história dos perversos. No que se refere à perversão enquanto denominação, estrutura e vocábulo, não foi estudada senão pelos psicanalistas.

Inspirando-se em Georges Bataille, Michel Foucault planejara incluir em sua *História da sexualidade* um capítulo dedicado ao povo dos perversos, isto é, aos que são designados como tais pelas sociedades humanas, preocupadas em se distanciar de uma parte maldita de si mesmas. Inversamente simétricas às vidas exemplares dos homens ilustres, dizia ele em suma, as dos perversos são inomináveis: infames, minúsculas, anônimas, miseráveis.[1]

Essas vidas paralelas e anormais, como sabemos, são inenarráveis, não tendo em geral outro eco senão o de sua condenação. E, quando adquirem uma reputação, é mediante o

---

[1] Michel Foucault, *História da sexualidade*, vol.1: *A vontade de saber* (Paris, 1976), Rio de Janeiro, Graal, 2ª ed. 1979; *Herculine Babin, dite Alexina B.*, Paris, Gallimard, col. Les Vies Parallèles, 1978, apresentado por Michel Foucault. Cf. também Pierre Michon, *Vidas minúsculas* (Paris, 1984), Rio de Janeiro, Estação Liberdade, 2004.

8   A parte obscura de nós mesmos

poder de uma criminalidade excepcional, julgada bestial, monstruosa, inumana, vista como extrínseca à própria humanidade do homem. Atesta isso a história incessantemente reinventada dos grandes criminosos perversos, de epítetos assustadores: Gilles de Rais (Barba Azul), George Chapman (Jack o Estripador), Erzebet Bathory (a Condessa de Sangue), Peter Kürten (o Vampiro de Düsseldorf).[2] Infindavelmente representados em romances, contos, filmes ou monografias, essas criaturas malditas suscitam, por seu estranho status — metade homens, metade animais —, um fascínio recorrente.

Eis por que entraremos aqui no universo da perversão, bem como na vida paralela dos perversos, pela via da metamorfose e da animalidade, dois temas universais. Menos por intermédio dos poemas épicos que relatam a transformação dos homens em animais, fontes ou vegetais que pelo mergulho no pesadelo de uma infinita redefinição, que faz aparecer, em toda a sua crueldade, o que o homem procura travestir. Com 20 anos de intervalo, entre 1890 e 1914, dois personagens da literatura européia, Dorian Gray e Gregor Samsa,[3] investiram-se de suas formas, um para fazer cintilar contra a medicina mental a grandeza do desejo perverso no cerne de uma aristocracia caduca que preferia servir à arte em vez de ao poder, o outro para desmascarar a nudez abjeta no cerne da normalidade burguesa.

Identificado com seu retrato, de uma beleza deslumbrante, Dorian Gray entrega-se secretamente ao vício e ao crime ao mesmo tempo em que leva uma vida opulenta. Embora conserve os traços de sua eterna juventude, as metamorfoses de sua

---

[2] Modelo de *M, o Vampiro de Düsseldorf*, filme de Fritz Lang (1931), com Peter Lorre no papel do assassino, condenado à morte por um tribunal de ladrões tão criminosos quanto ele e que lembram os nazistas.

[3] Oscar Wilde, *O retrato de Dorian Gray* (1890), Rio de Janeiro, Civilização Brasileira, 2000. Franz Kafka, *A metamorfose* (1912), São Paulo, Companhia das Letras, 2000, trad. de Modesto Carone.

subjetividade pervertida gravam-se sobre a obra pintada, tais como emblemas de uma raça maldita. Quanto a Gregor Samsa, sua mutação radical em um inseto gigante revela, ao contrário, a grandeza de sua alma sedenta de ternura. Mas o ódio suscitado nos seus familiares pela visão de seu corpo imundo o levará a deixar-se apodrecer, e depois a ser expelido como um dejeto, após ter sido apedrejado pelo pai.

Onde começa a perversão e quem são os perversos?[4] Eis a pergunta a que este livro tenta responder, reunindo abordagens até então independentes, misturando a uma análise da noção de perversão não apenas retratos de perversos e uma exposição das grandes perversões sexuais, como também uma crítica das teorias e das práticas elaboradas, sobretudo a partir do século XIX, para pensar a perversão e designar os perversos.

Acompanharemos o desenrolar dessa história através de cinco capítulos, ao longo dos quais serão abordados sucessivamente: a época medieval, com Gilles de Rais, os santos místicos, os flagelantes; o século XVIII, em torno da vida e da obra

---

[4] Forjado a partir do latim *perversio*, o substantivo "perversão" surge no francês entre 1308 e 1444 [no português, entre 1562 e 1575, com a mesma origem]. Quanto ao adjetivo "perverso", é atestado em 1190, derivando de *perversitas* e *perversus*, particípio passado de *pervertere*: retornar, derrubar, inverter, mas também erodir, desorganizar, cometer extravagâncias. É, portanto, perverso — não há senão um adjetivo para diversos substantivos — aquele acometido de *perversitas*, isto é, de perversidade (ou perversão). Cf. O. Bloch e W. von Wartburg, *Dictionnaire étymologique de la langue française*, Paris, PUF, 1964. E Émile Littré: "Transformação do bem em mal. A perversão dos costumes. Distúrbio, perturbação. Há perversão do apetite na pica, da visão na diplopia.", in *Dictionnaire de la langue française*, t.5, Paris, Gallimard-Hachette, 1966. "Pica" é um termo de medicina derivado de "pega" (a ave que come todo tipo de coisas). Designa uma perversão do paladar caracterizada pela aversão aos alimentos corriqueiros e pelo desejo de comer substâncias não-nutrientes: carvão, gesso, raízes. A diplopia é uma alteração da visão, uma má convergência, que faz com que vejamos dois objetos em lugar de um.

do marquês de Sade; o século XIX, o da medicina mental, com sua descrição das perversões sexuais e sua obsessão pela criança masturbadora, o homossexual e a mulher histérica; por fim, o século XX, em que se opera, com o nazismo — e sobretudo nas confissões de Rudolf Höss a respeito de Auschwitz —, a metamorfose mais abjeta possível da perversão, antes que esta termine por ser qualificada, em nossos dias, como um distúrbio de identidade, um estado de delinqüência, um desvio, sem que com isso cesse de se desdobrar em múltiplas facetas: zoofilia, pedofilia, terrorismo, transexualidade.

Confundida com a perversidade, a perversão era vista antigamente — em especial da Idade Média ao fim da idade clássica[5] — como uma forma particular de abalar a ordem natural do mundo e converter os homens ao vício,[6] tanto para desvirtuálos e corrompê-los como para lhes evitar toda forma de confronto com a soberania do bem e da verdade.

O ato de perverter supunha então a existência de uma autoridade divina. E aquele que se atribuía como missão arrastar a humanidade inteira para a autodestruição não tinha outro destino senão espreitar, no rosto da Lei por ele transgredida, o reflexo do desafio singular que ele lançara a Deus. Demoníaco, amaldiçoado, criminoso, devasso, torturador, lascivo, fraudador, charlatão, delituoso, o pervertedor era em primeiro lugar uma criatura dúbia, atormentada pela figura do Diabo, mas ao mesmo tempo habitada por um ideal do bem que ele não ces-

---

[5] Quando será vista como uma doença pela psiquiatria.

[6] Os famosos sete pecados capitais, definidos pelo catolicismo, são na realidade vícios, excessos, e portanto a expressão dessa desmedida passional e desse gozo do mal que caracterizam a perversão. São chamados capitais porque deles decorrem os outros, e, a cada um, é atribuída uma figura do Diabo: avareza (Mammon), ira (Satã), inveja (Leviatã), gula (Belzebu), luxúria (Asmodeu), orgulho (Lúcifer), preguiça (Belfegor).

sava de destruir a fim de oferecer a Deus, seu senhor e seu carrasco, o espetáculo de seu próprio corpo reduzido a um dejeto.

Embora vivamos num mundo em que a ciência ocupou o lugar da autoridade divina, o corpo o da alma, e o desvio o do mal, a perversão é sempre, queiramos ou não, sinônimo de perversidade. E, sejam quais forem seus aspectos, ela aponta sempre, como antigamente mas por meio de novas metamorfoses, para uma espécie de negativo da liberdade: aniquilamento, desumanização, ódio, destruição, domínio, crueldade, gozo. Mas a perversão é também criatividade, superação de si, grandeza. Nesse sentido, pode ser entendida como o acesso à mais elevada das liberdades, uma vez que autoriza aquele que a encarna a ser simultaneamente carrasco e vítima, senhor e escravo, bárbaro e civilizado. O fascínio exercido sobre nós pela perversão deve-se precisamente a que ela pode ser ora sublime, ora abjeta. Sublime, ao se manifestar nos rebeldes de caráter prometéico, que se negam a se submeter à lei dos homens, ao preço de sua própria exclusão;[7] abjeta, ao se tornar, como no exercício das ditaduras mais ferozes, a expressão soberana de uma fria destruição de todo laço genealógico.

Seja gozo do mal ou paixão pelo soberano bem, a perversão é uma circunstância da espécie humana: o mundo animal está excluído dela, assim como do crime. Não somente é uma circunstância humana, presente em todas as culturas, como supõe a preexistência da fala, da linguagem, da arte, até mesmo de um discurso sobre a arte e sobre o sexo: "Imaginemos uma sociedade sem linguagem", escreve Roland Barthes, "eis que um homem nela copula com uma mulher, *a tergo*, misturando à sua ação um pouco de pasta de trigo. Nesse nível, não há nenhuma perversão."[8]

---

[7] Cf. Henri Rey-Flaud, *Le démenti pervers*, Paris, Aubier, 2002.
[8] Roland Barthes, *Sade, Fourier, Loyola* (1971), *Œuvres complètes III*, Paris, Seuil, 2002, p.857 [ed. bras.: *Sade, Fourier, Loyola*, São Paulo, Martins Fontes, 2005].

A perversão não existe, em outras palavras, senão como uma extirpação do ser da ordem da natureza. E com isso, através da fala do sujeito, só faz imitar o reino natural de que foi extirpada a fim de melhor parodiá-lo. Eis efetivamente por que o discurso do perverso repousa sempre num maniqueísmo que parece excluir a parte de sombra à qual não obstante deve sua existência. Absoluto do bem ou loucura do mal, vício ou virtude, danação ou salvação: este é o universo fechado no qual o perverso circula deleitosamente, fascinado pela idéia de poder libertar-se do tempo e da morte.[9]

Se nenhuma perversão é pensável sem a instauração de interditos fundamentais — religiosos ou profanos — que governem as sociedades, nenhuma prática sexual humana é possível sem o suporte de uma retórica. E é efetivamente porque a perversão é desejável, como o crime, o incesto e o excesso, que foi preciso designá-la não apenas como uma transgressão ou anomalia, mas também como um discurso noturno em que sempre se enunciaria, no ódio de si e na fascinação pela morte, a grande maldição do gozo ilimitado. Por esta razão — e é Freud o primeiro a avaliar seu alcance teórico —, ela está presente, decerto em diversos graus, em todas as formas de sexualidade humana.

A perversão, portanto, é um fenômeno sexual, político, social, psíquico, trans-histórico, estrutural, presente em todas as sociedades humanas. E se todas as culturas partilham atitudes coerentes — proibição do incesto, delimitação da loucura, designação do monstruoso ou do anormal —, a perversão naturalmente tem seu lugar nessa combinatória. Porém, pelo seu status psíquico, que remete à essência de uma clivagem, ela é igualmente uma necessidade social. Ao mesmo tempo em que pre-

---

[9] Cf. Catherine Millot, *Gide, Genet, Mishima: inteligência da perversão* (Paris, 1996), Rio de Janeiro, Companhia de Freud, 2004.

serva a norma, assegura à espécie humana a subsistência de seus prazeres e transgressões. Que faríamos sem Sade, Mishima, Jean Genet, Pasolini, Hitchcock e muitos outros, que nos deram as obras mais refinadas possíveis? Que faríamos se não pudéssemos apontar como bodes expiatórios — isto é, perversos — aqueles que aceitam traduzir em estranhas atitudes as tendências inconfessáveis que nos habitam e que recalcamos?

Sejam sublimes quando se voltam para a arte, a criação ou a mística, sejam abjetos quando se entregam às suas pulsões assassinas, os perversos são uma parte de nós mesmos, uma parte de nossa humanidade, pois exibem o que não cessamos de dissimular: nossa própria negatividade, a parte obscura de nós mesmos.

1 O sublime e o abjeto

Durante séculos, os homens julgaram que o universo era regido por um princípio divino e que os deuses os faziam sofrer para os ensinar a não se tomarem por seus iguais. Dessa forma, os deuses da Grécia antiga puniam os homens acometidos pela desmedida (*hybris*).[1] E é através do grande relato das dinastias reais — Atridas ou Labdácidas — que podemos melhor captar o movimento alternado que levava o herói, esse semideus, a ocupar ora o lugar de um déspota, arrebatado pela embriaguez do poder, ora o de uma vítima submetida a um destino implacável.

Em tal universo, todo homem era ao mesmo tempo ele mesmo e seu contrário — herói e velhaco —, mas nem os homens nem os deuses eram perversos. E no entanto, no cerne desse sistema de pensamento que definia os contornos da Lei e de sua transgressão, da norma e de sua inversão, todo homem que alcançava o topo da glória corria sempre o risco de ser constrangido a se descobrir perverso — isto é, monstruoso, anormal — e fadado a viver uma vida paralela, a de uma humanidade abjeta. Édipo é seu protótipo. Após ter sido o maior rei de sua época, viu-se reduzido ao estado de desonra — rosto marcado e corpo

---

[1] *Hybris* significa ao mesmo tempo excesso, desmedida e injúria.

degenerado — por ter cometido, sem o saber e em virtude do erro de uma genealogia "claudicante", o pior dos crimes: esposar a mãe, matar o pai e ser ao mesmo tempo pai e irmão de seus próprios filhos, condenado ao opróbrio de sua descendência. Nada é mais humano que esse sofrimento de um homem responsável — portanto culpado *à sua revelia*, sem ter *errado* — por um destino organizado pelos deuses.

No mundo medieval, o homem, corpo e alma, pertencia não aos deuses, mas a Deus. Consciência culpada, dividida entre queda e redenção, estava destinado a sofrer tanto por suas intenções como por seus atos. Pois Deus era seu único juiz. E, com isso, após ter-se feito monstro por sedução do Demônio tentador, que lhe inculcara o gosto pelo vício e a perversidade, ele podia sempre, pela força de sua fé ou tocado pela graça, voltar a ser tão humano quanto o santo que aceitava as sevícias enviadas por Deus. Era este o destino do homem submetido a essa potência divina: por seu sofrimento ou martírio, ele permitia à comunidade unir-se e aprender a designar o que Georges Bataille chama de "parte maldita"[2] e que Georges Dumézil, através da história do deus Loki,[3] define como um lugar heterogêneo necessário à ordem social.

Tanto do lado dos místicos, que ofereciam seus corpos a Deus, quanto dos flagelantes, que imitavam a paixão de Cristo, ou ainda quando estudamos o itinerário sangrento e heróico de Gilles de Rais — e provavelmente em muitas outras histórias —, encontramos, sob diferentes semblantes, essa alternân-

---

[2] Georges Bataille, *La part maudit* (1949), *Œuvres complètes VII*, Paris, Gallimard, 1976, p.17-179 [ed. bras.: *A parte maldita*, Rio de Janeiro, Imago, 1975, esgotado].

[3] Loki é um deus do mundo escandinavo essencialmente amoral, sem dignidade, desbocado, semeador de desordem, travesti, culpado de se submeter à sodomia. Não é representante de nenhuma das três funções (soberania, guerra, fecundidade). Excluído da comunidade dos outros deuses, todavia lhes é indispensável: eles precisam de seus serviços, embora desconfiem dele e o "ponham para correr". Cf. Georges Dumézil, *Loki* (1948), Paris, Flammarion, 1986.

cia entre sublime e abjeto que caracteriza a parte obscura de nós mesmos no que esta tem de mais herético, mas também de mais luminoso: uma subjugação voluntária concebida como a expressão da mais elevada das liberdades.

No instigante comentário que fez, em 1982, acerca do destino de uma idiota no século IV, tal como contado na *História lausíaca*,[4] Michel de Certeau captou fielmente a estrutura dessa face noturna de nossa humanidade.

Nessa época, ensina a hagiografia, vivia num mosteiro uma jovem virgem que simulava ser louca. As demais passaram a rechaçá-la e a relegaram à cozinha. Ela então começou a prestar todo tipo de serviço, a cabeça coberta por um trapo, comendo migalhas e cascas sem se queixar, mesmo sendo espancada, injuriada e amaldiçoada. Avisado por um anjo, um santo homem dirigiu-se ao mosteiro e pediu para conhecer todas as mulheres, inclusive a apelidada de "esfregão". Quando esta lhe foi apresentada, ele caiu a seus pés, rogando sua bênção, em meio às outras mulheres doravante convencidas de sua santidade. Entretanto, incapaz de suportar a admiração de suas irmãs, a "esfregão" abandonou o mosteiro e sumiu para sempre.

"Uma mulher, portanto", escreve Michel de Certeau,

... ela se reconforta apenas no fato de ser esse ponto de abjeção, o "nada" rechaçado. Eis o que ela "prefere": ser a esfregão ... . Ela reivindica para si as mais humildes funções do corpo, perdendo-se num insustentável, abaixo de qualquer linguagem. Mas esse rechaço "repugnante" permite às outras mulheres a partilha das refeições, a comunidade dos signos vestimentares e corporais escolhidos, a comunicação das palavras; a excluída viabiliza toda uma circulação.[5]

---

[4] *História lausíaca*: obra de Paládio da Galácia (fim do século IV d.C.), onde são contadas as legendas hagiográficas dos monges e ascetas.
[5] Michel de Certeau, *La fable mystique*, Paris, Gallimard, 1982, p.51.

18   A parte obscura de nós mesmos

Se, em nossos dias, o termo "abjeção" remete ao pior da pornografia[6] através das práticas sexuais ligadas à fetichização da urina, das matérias fecais, do vômito ou das secreções corporais,[7] ou ainda a uma corrupção de todas as interdições, ele não é dissociável, na tradição judaico-cristã, de sua outra faceta: a aspiração à santidade. Entre o enraizamento na conspurcação e a elevação ao que os alquimistas chamavam outrora de "volátil", em suma, entre as substâncias inferiores — do baixo-ventre e do monturo — e as superiores — exaltação, glória, superação de si —, existe portanto uma estranha proximidade, feita de renegação, clivagem, repulsa, atração.

Em outras palavras a imersão na degradação comanda o acesso a um além da consciência — o subliminar —, bem como à sublimação no sentido freudiano.[8] E a travessia do sofrimento e da decadência leva assim à imortalidade, suprema sabedoria da alma.

Pereça o dia que me viu nascer
e a noite que disse "um menino foi concebido".
Que esse dia seja trevas,
que Deus, lá de cima, não o reivindique,
...

---

[6] Pornografia: na origem, o termo remete a todo discurso que se interessa pela prostituição e o amor venal. Nos dias de hoje significa tudo que, nas diversas representações do ato sexual, é destinado a chocar, provocar, ferir, horrorizar. Cf. Philippe di Folco (org.), *Dictionnaire de la pornographie*, Paris, PUF, 2005. Cf. também o livro clássico de Julia Kristeva, *Pouvoirs de l'horreur: essai sur l'abjection*, Paris, Seuil, 1980.

[7] Idem.

[8] É a Johann Friedrich Herbart (1776-1841) que devemos a criação da palavra "subliminar" para designar os átomos da alma recalcados no limiar da consciência. Em 1905, Freud irá conceitualizar o termo "sublimação" para descrever um tipo de atividade criativa que extrai sua força da pulsão sexual na medida em que investe objetos socialmente valorizados. Cf. Elisabeth Roudinesco e Michel Plon, *Dicionário de Psicanálise* (1997), Rio de Janeiro, Zahar, 1998.

O sublime e o abjeto 19

Por que não morri ao sair do seio,
não morri mal nasci?[9]

Herói de uma tradição semítica, Jó, fiel servo de Deus, vivia rico e feliz. Mas Deus permitiu que Satã colocasse sua fidelidade à prova. Subitamente doente e tendo perdido bens e filhos, Jó deita-se no meio dos excrementos, coçando suas chagas e lastimando a injustiça de sua desgraça. Quando três amigos vão até ele, sustentando que seu sofrimento é necessariamente decorrência de seus pecados, ele grita inocência sem compreender por que um Deus justo castiga um inocente. Sem lhe responder, Deus lhe restitui fortuna e saúde.

Por essa narrativa, portanto, o homem deve persistir em sua fé, suportar seus sofrimentos, ainda que injustos, e jamais esperar resposta de Deus, pois é independentemente de qualquer súplica que Deus o liberta de sua queda e lhe revela sua transcendência. Nesse sentido, a história de Jó faz um desmentido à tradição segundo a qual recompensas e castigos poderiam sancionar, na vida terrena, os méritos e erros dos mortais. Pelo seu poder literário, e pela força com que o herói, ao mesmo tempo em que lastima sua submissão, incorpora a injunção da fala divina, essa parábola inverte a norma arcaica do dom sacrificial para substituí-la por uma nova norma, julgada superior: Javé, o Ser absoluto — "eu sou aquele que é" —, jamais tem dívidas a honrar.

Nessa perspectiva, a salvação do homem reside na aceitação de um sofrimento incondicional. E esta é a razão de a experiência de Jó ter sido capaz de abrir caminho para as práticas dos mártires cristãos — e das santas mais ainda — que farão da destruição do corpo carnal uma arte de viver e das práticas mais degradantes a expressão do mais consumado heroísmo.

---

[9] *La Bible de Jérusalem*, Paris, Le Cerf, 1998, p.791.

20 A parte obscura de nós mesmos

Assim, quando foram adotados por determinados místicos,[10] os grandes rituais sacrificiais — da flagelação à devoração de excrementos — tornaram-se a prova de uma santa exaltação. Aniquilar o corpo físico ou expor-se aos suplícios da carne: eis a regra dessa estranha vontade de metamorfose, única capaz, diziam, de efetuar a passagem do abjeto ao sublime. E, se por um lado os santos — no impulso de uma interpretação cristã do livro de Jó — tiveram como dever primordial destruir neles toda forma de desejo de fornicação, as santas, por sua vez, condenaram-se, pela incorporação de dejeções ou pela exibição de seus corpos torturados, a uma esterilização radical de seus ventres doravante pútridos. Homens ou mulheres, os mártires do Ocidente cristão vieram então a rivalizar em horror na relação corporal que mantinham com Jesus.

Eis efetivamente por que *A legenda áurea*, obra pia que relata a vida dos santos, pode ser lida como uma espécie de prefiguração dessa inversão perversa da Lei que será efetuada por Sade em *Os 120 dias de Sodoma*. Encontramos ali os mesmos corpos supliciados, nus, degradados. Martírio vermelho, martírio branco, martírio verde. Com base no modelo desse confinamento monástico, repleto de macerações e dores, o marquês criará, privando-o da presença de Deus, uma espécie de jardim sexológico, entregue à combinatória de um gozo ilimitado dos corpos.[11]

---

[10] Originalmente, "místico", como adjetivo, remete ao que está escondido — logo, "relativo aos mistérios". A substantivação da palavra aparece na primeira metade do século XVII. A partir de então, mística designará uma experiência de linguagem, de tipo iniciático, pela qual um sujeito alcança um conhecimento direto de Deus, e portanto uma revelação e uma iluminação que transcende e ameaça o discurso das religiões estabelecidas. Mas a mística designa também o estudo de todas as formas de misticismo, de idealização ou de exaltação na defesa de um ideal.

[11] Alain Boureau, *Le système narratif de Jacques de Voragine*, Paris, Le Cerf, 1984, prefácio de Jacques Le Goff.

Vista como impura — porque nascera mulher —, a santa mártir devia purificar-se: metamorfose de um sangue destinado à fecundidade em sangue sacrificial ofertado a Cristo. Porém, diferentemente do santo, não podia, para "esposar" o Cristo, jamais ter sido maculada pelo pecado da carne. E era por sua virgindade que ela se tornava um soldado de Deus, após ter abolido em si a diferença dos sexos: "Como se passa da virgem ao soldado?", escreve Jean-Pierre Albert.

Naturalmente, a marca de cada sexo subsiste. Assim, enquanto as jovens virgens sacrificadas são em geral cristãs desde a infância, os soldados convertem-se brutalmente, sofrendo imediatamente o martírio. Essa diferença entre a vocação precoce das mulheres e a conversão mais tardia dos homens atravessa toda a história da santidade.[12]

Portanto, o corpo carnal, putrefato ou torturado, ou ao contrário intacto e sem estigmas, fascinava santos e santas, exaltados pela anormalidade. Essa relação especial com a carne deve-se provavelmente ao fato de o cristianismo ser a única religião em que Deus assumiu a forma de um corpo humano a fim de viver e morrer como humano e como vítima.[13] Daí o status atribuído ao corpo. De um lado, este é visto como a parte viciosa do homem, oceano de miséria ou abominável vestimenta da alma, e, de outro, é destinado à purificação e à ressurreição: "O corpo do cristão, vivo ou morto", escreve Jacques Le Goff, "está na expectativa do corpo de glória de que ele se revestirá caso não se sacie no corpo de miséria. Toda ideologia

---

[12] Jean-Pierre Albert, *Le sang et le ciel: les saintes mystiques dans le monde chrétien*, Paris, Aubier, 1997, p.101.

[13] Jacques Gélis, "Le corps, l'Église et le sacré", *in Histoire du corps*, sob a direção de Alain Corbin, Jean-Jacques Courtine, Georges Vigarello, Paris, Seuil, 2005, vol.1, p.16-107.

funerária cristã vai oscilar entre esse corpo de miséria e esse corpo de glória e organizar-se em torno do desenraizamento de um na direção do outro."[14]

Mais que qualquer outro, o corpo do rei era marcado por esse duplo destino. E esta é a razão pela qual os despojos corporais dos monarcas, assim como os dos santos, foram objeto, durante séculos, de um fetichismo particular, de aspecto pagão, que parecia inverter o grande princípio cristão da metamorfose "do corpo de miséria num corpo de glória". Assim, quando Luís IX morreu em Túnis, em 25 de agosto de 1270, no início da oitava Cruzada, seus companheiros ferveram seu corpo em vinho misturado com água a fim de que as carnes se desprendessem dos ossos, isto é, "da parte preciosa do corpo a ser conservada".[15] Uma vez lavados os ossos, procedeu-se ao corte dos membros e partes internas a fim de que as vísceras fossem oferecidas ao rei da Sicília. Quanto à ossada e ao coração, foram depositados na basílica de Saint-Denis. A partir de 1298, depois que Luís IX foi canonizado, suas relíquias — verdadeiras ou falsas — foram dispersadas à medida que se forjava a crença em seu poder milagroso.

Por ocasião da coroação de Filipe o Belo, o crânio real foi transferido para a Sainte Chapelle, ao passo que os dentes, o queixo e o maxilar ficaram com os monges. Em seguida, o fracionamento do esqueleto continuou ao longo de dois séculos sem que jamais se conseguisse localizar o coração. Na Sicília até 1868, as sagradas vísceras foram então levadas para o exílio pelo último dos Bourbon, antes de serem entregues aos padres brancos da catedral de Cartago.[16] Após essas múltiplas tribulações, a parte interna do corpo retornou então

---

[14] Jacques Le Goff, *Héros du Moyen Âge, le saint et le roi*, Paris, Gallimard, col. Quarto, 2004, p.407.
[15] Ibid., p.427. A técnica de embalsamamento não era conhecida.
[16] Ibid., p.427-38.

para o local onde o santo rei encontrara a morte, justamente no momento em que começava a se consolidar, na sociedade ocidental, o princípio laico do respeito à integridade do corpo humano.[17] Em nossos dias, o fetichismo das relíquias é visto como uma patologia ligada à necrofilia — e, logo, como uma perversão sexual. Quanto à lei, proíbe qualquer forma de dispersão e comércio de restos humanos.[18]

Michel de Certeau assinala que a configuração mística que prospera do século XIII ao XVII, para findar com a época do Iluminismo, levou ao extremo o confronto com a instância decadente do cosmo. Fundamentada no desafio de uma possível restauração da unidade do mundo, em detrimento da do indivíduo, a literatura mística apresentaria todos os traços do que ela combate e postula: "Os místicos", diz ele, "confrontam-se com o luto, esse anjo noturno."[19]

Daí a idéia de que a mística seria uma prova por que um corpo passa, uma "ciência experimental" que põe em jogo a alteridade sob a forma do absoluto: não apenas o outro que está em nós, mas a parte esquecida, recalcada, sobre a qual é construída a instituição religiosa — uma parte incognoscível, ligada a uma iniciação. Assim, antes de tudo, ela tem como lugar "um *alhures* e como signo uma anti-sociedade". Em outros termos, torna-se místico "o que se afasta das vias normais ou comuns, o que não se inscreve mais na unidade social de uma fé ou de uma referência religiosa, porém à margem de uma sociedade

---

[17] Jacques Le Goff assinala que, já em 1299, o papa Bonifácio VIII proibia (em vão) essas práticas, qualificadas de bárbaras e pagãs.

[18] Atualmente, o mesmo problema se coloca para os restos humanos decorrentes da cremação. Cf. Jean-Pierre Sueur, "La mort et son prix", *Le Monde*, 1º nov 2006.

[19] Michel de Certeau, *La fable mystique*, op.cit., p.13.

que se laiciza e de um saber que se constitui acerca dos objetos científicos".[20]

A esse título, a experiência mística foi uma maneira de restabelecer uma comunicação espiritual que corria o risco de se ver abolida na travessia incessantemente anunciada da Idade Média[21] para a época moderna. Daí seu desdobramento cada vez maior à medida que sua tentativa de reconquista de uma soberania perdida passa a ser revelada exclusivamente por um léxico corporal ou a criação de uma língua eleita.[22]

O discurso místico, portanto, alimenta-se de desvios, conversões, margens, anormalidade. O que ele busca captar, sua maneira de perverter o corpo, é da ordem do indizível — mas também do essencial.[23]

Tratando-se de tormentos infligidos à carne, determinadas santas místicas parecem ter sido capazes de uma auto-superação mais rude que a dos homens nos vínculos que instauraram entre as atividades corporais mais abjetas e as manifestações mais sublimes de uma espiritualidade separada da matéria. Da mesma forma, os relatos hagiográficos do imaginário cristão são povoados por personagens femininos que, após haverem "se casado" com o Cristo, entregam-se, no recôndito de suas celas, a uma busca tanto mais depurada do êxtase na medida em que esta não passa do avesso de um temível programa de extermínio dos corpos.

---

[20] Michel de Certeau, verbete "Mystique", *Encyclopedia Universalis*, vol.11, Paris, 1978, p.522.

[21] Lembremos que a Idade Média estende-se, segundo os historiadores, da queda do Império Romano em 476 à tomada de Constantinopla pelos turcos em 1453, ano da última batalha da Guerra dos Cem Anos.

[22] Certeau, não sem audácia, compara a mística à psicanálise: ambas, diz ele em suma, criticaram o princípio da unidade individual, o privilégio da consciência e o mito do progresso.

[23] *Résurgences et dérivés de la mystique, Nouvelle Revue de Psychanalyse* 22, outono de 1980. E principalmente os artigos de Didier Anzieu, Guy Rosolato e Paul-Laurent Assoun.

Marguerite-Marie Alacoque[24] dizia-se tão suscetível que a visão da menor impureza sobressaltava-lhe o coração. Porém, quando Jesus chamou-a à ordem, ela só conseguiu limpar o vômito de uma doente transformando-o em sua comida. Mais tarde, sorveu as matérias fecais de uma disentérica declarando que aquele contato bucal suscitava nela uma visão de Cristo mantendo-a com a boca colada em sua chaga: "Se eu tivesse mil corpos, mil amores, mil vidas, os imolaria para lhe ser submissa."[25] Catarina de Siena[26] afirmou um dia não ter comido nada tão delicioso quanto o pus dos seios de uma cancerosa. E ouviu então Jesus lhe falar:

Minha bem-amada, travaste por mim grandes combates e, com a minha ajuda, saíste vitoriosa. Nunca me foste mais querida e mais agradável .... Não apenas desprezaste os prazeres sensuais, como venceste a natureza bebendo com alegria, por amor a mim, uma horrível beberagem. Pois bem, uma vez que praticaste uma ação acima da natureza, quero oferecer-te um licor acima da natureza.[27]

Numa época em que a medicina não tratava nem curava, e em que a vida e a morte pertenciam a Deus, as práticas de emporcalhamento, autodestruição, flagelação ou ascetismo — que

---

[24] Marguerite-Marie Alacoque (1647-90): visitandina francesa conhecida por seus grandes êxtases místicos vividos sobretudo no convento de Paray-le-Monial.

[25] Nicole Pellegrin, "Corps du commun, usages communs du corps", in *Histoire du corps*, op.cit., vol.1, p.111. Gilles Tétard, "Des saintes coprophages: souillure et alimentation sacrée en Occident chrétien", in Françoise Héritier e Margarita Xanthakou, *Corps et affects*, Paris, Odile Jacob, 2004, p.353-64.

[26] Catarina de Siena (1347-80): após ter se rebelado contra a família, ingressou na religião nas irmãs penitentes de São Domingos. Cultivou os êxtases e as mortificações e foi canonizada em 1461.

[27] Gilles Tétard, "Des saints coprophages", op.cit., p.355.

mais tarde serão identificadas como perversões — não eram senão diferentes maneiras de os místicos identificarem-se com a paixão de Cristo.[28] Tratava-se, para aqueles que queriam alcançar a verdadeira santidade, de se metamorfosear em vítimas que consentissem nos tormentos da carne: viver sem comida, sem evacuação, sem sono, ver o corpo sexuado como um amontoado de imundícies, mutilá-lo, cobri-lo de excrementos etc. Todas essas práticas levavam aquele que as adotava a exercer sobre si mesmo a soberania de um gozo que ele destinava a Deus.

É a Joris-Karl Huysmans que devemos a mais curiosa biografia de Liduína de Schiedam.[29] Situando a história da santa no contexto histórico do fim do século XIV, e princípio do XV, o autor cria o quadro apocalíptico de uma época devastada pela demência e a crueldade dos soberanos europeus e ameaçada tanto pelas epidemias quanto pelo Grande Cisma[30] e as here-

---

[28] "Convém saber", dizia Paracelso, "que toda doença é uma expiação e que, se Deus não a considera terminada, nenhum médico pode interrompê-la."

[29] Liduína de Schiedam (1380-1433): mística holandesa, viveu grabatária e foi canonizada em 1890 pelo papa Leão XIII. J.-K. Huysmans, *Sainte Lydwine de Schiedam* (1901), Lyon, Éditions À Rebours, 2002, prefácio de Claude Louis-Combet. Biógrafo dos místicos e de Gilles de Rais, criador de Des Esseintes, herói perverso, Huysmans, libertino decadente, convertido ao catolicismo por ódio à ciência, à modernidade e à razão, foi um místico esteta fascinado pela abjeção: "A arte", dizia ele, "é, ao lado da prece, a única ejaculação limpa da alma." Existe uma conivência secreta entre Huysmans, Proust e Wilde. Dorian Gray descamba para o vício após ter lido *Às avessas*, cujo herói é em parte inspirado na vida de Robert de Montesquiou, por sua vez modelo do barão de Charlus, herdeiro do Vautrin de Balzac e principal encarnação da raça maldita. Cf. Marcel Proust, *Sodoma e Gomorra*, *Em busca do tempo perdido*, t.III, Rio de Janeiro, Globo, 1995.

[30] Grande Cisma do Ocidente: conflito que dividiu a Igreja de 1378 a 1417 e durante o qual diversos papas reinaram simultaneamente, alguns em Roma, outros em Avignon ou alhures. O conflito tinha como origem a hostilidade que os cardeais não italianos demonstraram contra a eleição de Urbano VI, designando um francês, Clemente VII, que se instalou em Avignon. O Cisma teve fim com o concílio de Constance (1414-18). Cf. Dominique Vallaud, *Dictionnaire historique*, Paris, Fayard, 1995.

O sublime e o abjeto 27

sias mais extravagantes. Fascinado por esse mundo medieval, e convencido da supremacia do poder divino sobre as classificações da ciência médica de seu tempo, ele retraça, apoiando-se nas melhores fontes, o itinerário dessa mística holandesa,[31] que quis salvar a alma da Igreja e de seus fiéis transformando seu corpo num monturo.

Quando seu pai quis casá-la, Liduína explicou que preferia tornar-se feia a sofrer tal destino. Dessa forma, a partir dos 15 anos de idade, horrorizada com a perspectiva de um ato sexual e após ter sido vítima de uma queda num rio congelado, soçobrou na doença. Uma vez que Deus não pode apegar-se senão a carnes imundas, ela desejava, dizia, obedecer a esse senhor e servir seu ideal, tornando-se carrasco de si mesma ao substituir o encanto de seu belo rosto pelo horror de uma face escalavrada. Então, durante 38 anos, levou a vida de uma grabatária, impondo a seu corpo terríveis sofrimentos: gangrena, epilepsia, peste, fratura dos membros.

Quanto mais os médicos acorriam à sua cabeceira para extirpar o mal, examinar seus órgãos e, às vezes, retirá-los do corpo para limpá-los, mais a doença piorava — sem com isso levá-la à morte. Assim, a bem-aventurada considerava seu estado como um dom de Deus. Após a morte da mãe, desfez-se de todos os seus bens, incluindo sua cama. Como Jó, viveu numa tábua coberta de esterco, amarrada a uma correia de crina que fazia de sua pele uma chaga purulenta.

Depois de apontada como suspeita de heresia, em virtude de sua resistência à morte, Liduína foi marcada por estigmas: de suas mãos emanava o cheiro dos arômatas da Índia e das especiarias do Levante. Magistrados, sacerdotes ou pacientes incuráveis atiravam-se a seus pés para receberem sua graça. Teve

---

[31] Ele a compara a diversas outras mulheres místicas do mesmo período. Cf. também Jean-Noël Vuarnet, *Le dieu des femmes*, Paris, Méandres, L'Herne, 1989.

28 A parte obscura de nós mesmos

êxtases e viu aparições. Porém, à noite às vezes soluçava, desafiando seu senhor para em seguida reivindicar-lhe mais sofrimento. Na hora de sua morte, Jesus visitou-a e lhe falou dos horrores dos tempos de então: reis corruptos e loucos, pilhagens, sabás, missas negras. Entretanto, enquanto ela se desesperava com a inutilidade de seus suplícios, ele a fez vislumbrar o avesso sublime daquele século abjeto: o exército de santos em marcha rumo à reconquista da salvação.

Quando ela cessou de viver, as testemunhas quiseram saber se, como ela o predissera, suas mãos voltariam a se unir. Houve uma exclamação de júbilo: a bem-aventurada voltara a ser "o que era antes de suas doenças, viçosa e loura, jovem e carnuda ... . Do corte na testa que tanto a desfigurara, não subsistia nenhuma cicatriz: as úlceras, as feridas haviam desaparecido".[32]

Liduína foi canonizada em 1890, e glorificada por Huysmans dez anos mais tarde, no momento em que a medicina mental classificava os comportamentos transgressivos das mulheres exaltadas na categoria das perversões: gozo da sujeira, da poluição, dos excrementos, da urina, da lama.

Utilizando-se de chicote, nervo de boi, chibata, bastão, urtigas, cardos, espinhos, cactos ou de diversos instrumentos de tortura, a flagelação foi, em todas as épocas e culturas, um dos componentes mais importantes de uma prática especificamente humana que visava a ora punir, ora proporcionar uma satisfação sexual ou influir na procriação.[33] Seu uso era freqüente na família ocidental, e mais ainda nos colégios ingleses, antes da

---

[32] J.-K. Huysmans, *Sainte Lydwine*, op.cit., p.274. Ao contrário, Dorian Gray, encarnação do mal, volta a ser o que era no momento de sua morte, uma vez destruído o retrato: "... ele estava enrugado, sua pele ressequida e seu rosto asqueroso."

[33] Cf. Brenda B. Love, *Dictionnaire des fantasmes, perversions et autres pratiques de l'amour* (Nova York, 1992), Paris, Blanche, 2006.

interdição progressiva, durante todo o século XX, dos diferentes tipos de castigos corporais infligidos aos adultos, depois às crianças.

Porém, acima de tudo, sob a forma da autoflagelação, o uso do chicote teve como função atar um laço quase ontológico entre o universo dos homens e o dos deuses. Os xamãs viam nela as molas do êxtase ou de uma perda de si; as massas pagãs a celebravam como um rito essencial à fertilidade do solo, do sexo e do amor; e, finalmente, os monges da cristandade a consideraram, a partir do século XI, instrumento de um castigo divino que permitia combater o relaxamento dos costumes e transformar o corpo de gozo, julgado abjeto, num corpo místico capaz de alcançar a imortalidade.

Popularizada por Pedro Damião,[34] a flagelação enquanto prática da servidão voluntária unia a vítima e o carrasco. Seus adeptos acusavam-se a si mesmos a fim de compensarem com o sofrimento o prazer que o vício proporciona ao homem: prazer do crime, do sexo, da depravação. Dessa forma, a flagelação tornou-se uma busca do absoluto — essencialmente masculina —[35] mediante a qual o sujeito ocupava o lugar de juiz e de réu, o lugar de Deus pai e o do filho de Deus. Infligir-se um castigo significava querer educar o corpo, dominá-lo, mas também mor-

---

[34] Pedro Damião (1007-70): prior do mosteiro de Fonte Avellana. Reformador da vida monástica, violentamente hostil à homossexualidade (denominada sodomia), que considerava o maior dos vícios, ele estigmatizava o fato de a Igreja ter se tornado, a seus olhos, uma nova Gomorra. Sobre essa questão, o melhor livro é o de Patrick Vandermeersch, *La chair de la Passion. Une histoire de foi: la flagellation*, Paris, Le Cerf, 2002.

[35] "Quando uma mulher se flagela", escreve Jean-Pierre Albert, "percebemos as feridas abertas em seu corpo e a irrupção do sangue. Em se tratando de homens, igualmente maníacos pela flagelação, os textos insistem muito mais no enriquecimento da pele, em sua transformação num couro monstruoso" (*Le sang et le ciel*, op.cit., p.100). Foram sobretudo os homens os "maníacos" pela flagelação pública.

tificá-lo para submetê-lo a uma ordem divina. Daí o emprego do termo "disciplina" para designar o instrumento visível que servia à flagelação ou aquele outro, invisível (o cilício ou o pano de crina), usado diretamente na pele com vistas a provocar um sofrimento contínuo das carnes.

Como os santos dos grandes relatos hagiográficos, os flagelantes entregavam-se a atos de mortificação que, a princípio inspirados na instituição monástica, não tardaram a assumir o aspecto de uma autêntica transgressão.

A partir do fim do século XIII, e em ruptura com a Igreja, os flagelantes formaram grupos errantes para em seguida reagruparem-se em confrarias, a meio caminho entre a organização sectária e a corporação laica: "O importante", aponta Patrick Vandermeersch, "... é manifestar e sentir pessoalmente e de maneira profunda que a carne é feia, que seu próprio corpo é malformado, e pedir que outra corporeidade instale-se espontaneamente. A flagelação, portanto, proporcionaria a sensação de um corpo diferente."[36]

Um século mais tarde, e após um período de eclipse, o movimento dos flagelantes ganhou nova amplitude, escapando completamente ao controle da Igreja. A flagelação tornou-se então um rito disciplinar de aspecto semipagão, depois francamente diabólico. Os homens que a ela se entregavam eram oriundos da sociedade e faziam o voto, evocando os anos da vida de Jesus, de permanecerem durante 33 dias no movimento. Usavam uma túnica branca, cobriam a cabeça com um capuz, vergastavam-se duas vezes por dia brandindo cruzes e entoando hinos religiosos. Para não serem seduzidos nem pela luxúria, nem pela gula, nem por nenhum dos pecados capitais,[37] não ingeriam nenhuma alimentação supérflua e renun-

---

[36] Patrick Vandermeersch, *La chair de la passion*, op.cit., p.110.
[37] Ver na Introdução, nota 6, a lista dos pecados capitais.

ciavam a qualquer contato sexual. Dedicados ao culto da Imaculada Conceição, procuravam, pela metamorfose do corpo, esposar outro, virginal, o de Maria, e substituir sua identidade masculina por outra, assexuada, de uma virgem não maculada pelo pecado original.

Em virtude de incorrerem na desmedida, fazendo uso de metamorfoses identitárias e transgressões, os flagelantes acabaram por ser vistos como possuídos pelas paixões demoníacas que eles pretendiam vencer.[38] No fim do século XIV, voltaram-se contra a Igreja para anunciar o advento de um Anticristo. João de Gerson[39] condenou então essas práticas bárbaras, opondo à idolatria do corpo um cristianismo da palavra fundado no amor e na confissão. Pregando a razão contra o excesso, preferiu substituir a punição exuberante da carne pelo controle espiritual de si.

Deixando de ser uma oferenda a Deus ou um culto mariano, a flagelação foi então considerada um vício ligado a uma inversão sexual ou a um travestimento, sobretudo quando o rei Henrique III, homossexual notório, foi suspeito de se entregar a ela após ter fundado, em 1583, uma Congregação de Penitentes:

> Por volta do século XVI, viu-se, com um refinamento digno de sua pessoa e de sua corte, o rei Henrique III flagelar-se em público com seus namorados nas procissões que faziam, vestidos com túnicas brancas, excitando-se dessa forma para as

---

[38] Num filme perverso dedicado à Paixão de Cristo, Mel Gibson, cristão fundamentalista e puritano, a vida inteira fascinado pelo inferno e pelas carnes supliciadas, retomou essa tradição para exibir um Jesus flagelado até o sangue, de rosto informe, corpo sem alma, falando num jargão inaudível e manifestando, com seus olhares de vítima petrificada, um ódio e um orgulho desmedidos: em outras palavras, um Cristo mais diabólico que divino.

[39] João Charlier de Gerson (1363-1429): teólogo, filósofo e pregador francês. Grão-chanceler da Universidade de Paris em 1398, desempenhou importante papel no concílio de Constance.

32 A parte obscura de nós mesmos

orgias de luxúria às quais, após a cerimônia, esses pios personagens dedicavam-se nos aposentos secretos do Louvre.[40]

Antes um rito de mortificação visando a transformar o corpo odiado num corpo divino, a flagelação foi então assimilada a um ato de devassidão. E isto, tanto mais na medida em que os penitentes — metamorfoseados em adeptos de uma sexualidade pervertida — escolhiam não mais se vergastar as costas, como queria a antiga tradição, mas a totalidade do corpo — sobretudo as nádegas, receptáculo por excelência de uma poderosa estimulação erótica. Da mesma forma, por sinal, experimentavam um prazer extremo em serem flagelados por outros e flagelarem seus próximos.

Em 1700, em sua *História dos flagelantes*, Boileau destacou que a flagelação era "sexual", uma vez que a "disciplina do baixo [as nádegas] substituíra a do alto [as costas]". E, para estigmatizá-la como um desvio — e não mais apenas como um vício, no sentido cristão do termo —, baseava-se numa obra de medicina, primeira no gênero, dedicada ao "uso de golpes em matéria de sexo".[41] Mas, acima de tudo, denunciava sua feminilização, uma vez que, dizia, era agora praticada secretamente nos conventos de mulheres.

Do alto para o baixo, em seguida de Sodoma para Gomorra, a flagelação, a princípio ato purificador, agora não passava se-

---

[40] Verbete "Flagellation", in *Dictionnaire encyclopédique des sciences médicales* (1864), Paris, Asselin-Masson, 1878. Citado por Patrick Vandermeersch, *La chair de la passion*, op.cit., p.123. Henrique III (1551-89): terceiro filho de Henrique II e Catarina de Médicis, foi o último rei da dinastia dos Valois, tendo se confrontado com as violências das guerras de religião que opunham católicos e protestantes. Após ter mandado assassinar o duque de Guise, líder dos ultracatólicos da Liga, foi por sua vez assassinado por Jacques Clément, primeiro regicida da história da França, antes de Ravaillac e Damião. Mortalmente ferido, Henrique III voltou a arma contra seu assassino e o matou, o que evitou a este o suplício do esquartejamento.

[41] Citado por Patrick Vandermeersch, *La chair de la passion*, op.cit., p.189.

O sublime e o abjeto 33

não de uma prática de prazer, centrada na exaltação do eu. E foi sob essa forma que ela se generalizou no século XVIII entre os libertinos: Sade, um de seus mais fervorosos adeptos, associava-a à sodomia.

No fim do século XIX, após a publicação, em 1870, do romance *A Vênus das peles*, de Leopold Sacher-Masoch, a flagelação foi classificada pelos psiquiatras e sexólogos como protótipo de uma perversão sexual fundada numa relação sadomasoquista entre um dominante e um dominado, com o homem podendo, por exemplo, tornar-se vítima voluntária de uma mulher que o obrigasse a ser seu carrasco.[42] E com isso, à medida que se abolia no Ocidente o uso dos castigos corporais com fins punitivos e a ciência médica tentava classificar suas diferentes práticas, a noção de disciplina foi conceitualizada como um dos pilares do sistema de pensamento típico da perversão: tanto nos manuais redigidos por juristas e psiquiatras como nas obras escritas pelos perversos para popularizar sua *ars erotica*. Transformada num jogo sexual e alheia a qualquer culto a Deus, a "disciplina" designa atualmente as coerções de dominação e de obediência às quais se submetem seus adeptos voluntários, consentâneos e "esclarecidos".

Adepto da demonologia, da mística e da anormalidade, J.-K. Huysmans apaixonou-se pelo destino do maior criminoso perverso da época medieval: Gilles de Rais.[43] Mas é a Georges Bataille que devemos a primeira publicação das minutas do pro-

---

[42] Cf. Gilles Deleuze, *Apresentação de Sacher-Masoch*, com o texto integral de *A Vênus das peles*, Rio de Janeiro, Taurus, 1981, esgotado. A questão do sadismo e do masoquismo será tratada nos capítulos seguintes. Atualmente, todas as práticas de flagelação não consentidas são consideradas, nos Estados de direito, delitos, assim como crimes, e proibidas pela lei.

[43] J.-K. Huysmans, *Là-bas* (1891), Paris, Garnier-Flammarion, 1978. Herói antimoderno, em busca de um *alhures* e de um desregramento dos sentidos, o protagonista, Curtal, decide escrever uma biografia de Gilles de Rais.

cesso desse Barba Azul enigmático cujos atos prefiguravam a inversão sadiana da Lei e pareciam dar conteúdo antropológico à noção de crime enquanto manifestação de uma desumanidade característica do homem: "O crime", dizia Bataille,

> é próprio da espécie humana, é inclusive próprio apenas dessa espécie, mas acima de tudo é seu aspecto secreto .... Gilles de Rais é um criminoso trágico: o princípio da tragédia é o crime, e esse criminoso foi, mais que qualquer outro, um personagem de tragédia .... O crime evidentemente evoca a noite; o crime sem a noite não seria crime, porém, embora profundo, o horror da noite aspira ao brilho do sol.[44]

Nascido em 1404, Gilles de Rais pertencia, por parte de pai, à ilustre casa de Laval-Montmorency, e, por parte de mãe, a uma das famílias mais ricas do reino. Mas o mundo em que ele viveu — o da Guerra dos Cem Anos — achava-se entregue à pilhagem. Transformados em predadores, os herdeiros da antiga cavalaria tinham o gosto pelo assassinato e a crueldade. Sob o reinado de Carlos VI — monarca louco —, a rivalidade dos Armagnac e dos Bourguignon era explorada pela potência inglesa, cada lado assumindo alternadamente o controle de Paris e do rei sem que jamais a autoridade real fosse restaurada.

Com a morte do soberano, em 1422, cinco anos após a derrota de Azincourt, dois herdeiros viam-se em condições de sucedê-lo: de um lado, um inglês, Henrique VI, filho de Henrique V, ainda criança e apoiado pelos Bourguignon; e, de outro, um francês, Carlos VII, o delfim, deserdado desde 1420 pelo tratado de Troyes e refugiado em Bourges. Entregue a seus ini-

---

[44] Georges Bataille, *Le procès de Gilles de Rais* (1959), *Œuvres complètes*, X, Paris, Gallimard, 1987, p.277-9.

migos, o herdeiro legítimo da coroa da França não passava, nessas condições, de um rei de mascarada, à espera de sua sagração e da reconquista de seu reino.

Criado pelo avô materno, João de Craon, um riquíssimo senhor feudal, avaro e libertino, Gilles de Rais foi iniciado no crime aos 11 anos por esse feroz educador, que tanto chorara a perda de seu filho único vencido em Azincourt. Aos 16 anos, Gilles casou-se com Catarina de Thouars, neta da segunda mulher de seu avô, o que não o impediu de em seguida tomar como amante seu pajem, por sua vez futuro assassino de crianças: "Diante de Gilles e de seu avô", escreve Georges Bataille, "é possível imaginar as brutalidades nazistas."[45]

Em 1424, Gilles apoderou-se da imensa fortuna desse avô odioso, pensando em dilapidá-la integralmente em despesas feéricas e bebedeiras desvairadas. Com seus excessos, destruía as riquezas que o velho senhor feudal acumulara graças a tramas cínicas e brutalidades premeditadas. À avareza de um sucedia portanto a prodigalidade do outro. Porém, no cerne dessa inversão, perpetuava-se o gozo do mal: com efeito, os dois predadores compartilhavam a mesma paixão pelo sangue e a mesma negação da lei dos homens.

Preocupado em servir seus próprios interesses junto à corte de Carlos VII e consciente de que a fúria de Gilles devia ser canalizada, Craon estimulou seu ingresso na carreira das armas. Contrariando todas as expectativas, o rapaz, inspirado por um ideal de heroísmo que o arrebatava para além de si mesmo, revelou-se um brilhante líder guerreiro, abandonando então o crime para se pôr a serviço de uma personalidade oposta à sua: Joana d'Arc.

Sob as ordens de uma virgem guiada por vozes e trajando roupas masculinas, Gilles participou do despertar do sentimento

---

[45] Ibid., p.294.

patriótico, fundado no desejo de restaurar a santa unidade do princípio monárquico. Joana encarnava esse desejo, que ia ao encontro dos de seu avô e dos daquela nobreza criminosa que abandonara o povo e desistira de impor o próprio princípio da soberania, contentando-se com saques e pilhagens. Em Orléans, depois em Tourelles, em Jargeau depois em Patay, Gilles de Rais guerreou bravamente, em companhia de outros senhores de seu tempo, a ponto de receber a alcunha de "mui valente cavaleiro em armas".

Em 17 de julho de 1429, trouxe da abadia de Saint-Remi a ampola contendo o Sagrado Crisma, necessário à unção real. Depois, ao lado de Joana, assistiu em lágrimas à sagração de Reims. Naquele dia, o mais glorioso de sua sinistra existência, foi nomeado marechal de França. Alguns meses mais tarde, a pedido da Virgem que admirava sua bravura, empreendeu o cerco de Paris: "Nesse dia, não devemos esquecer", escreve Bataille, "se um disparo de arbaleta não houvesse atravessado seu ombro, a decisão aguardada pela Virgem seria possível. Evidentemente, Gilles é um soberbo líder guerreiro. É daqueles que o delírio dos combates impele adiante. Se Joana d'Arc, no momento decisivo, quer tê-lo ao seu lado, é porque sabe disso."[46]

Nada permite dizer que Gilles e Joana tivessem laços de amizade.[47] Entretanto, quando desmoronou diante de seus olhos o ideal tão gloriosamente encarnado pela serva de Deus nos campos de batalha, Gilles começou a destruir os emblemas de sua própria glória, multiplicando pilhagens e roubos e dilapidando novamente sua fortuna. Aparentemente o destino da Virgem deixava-o indiferente.

---

[46] Ibid., p.298.

[47] Cf. Michel Tournier, *Gilles et Jeanne*, Paris, Gallimard, 1983. Nessa curta narrativa, o escritor imagina um cara a cara entre o "monstro" e a "santa" através do qual um não existiria senão no espelho do outro.

Julgada culpada de um crime perverso[48] por se ter travestido de homem, apontada como herética, relapsa, apóstata, idólatra, Joana, a despeito de sua virgindade, era acusada de envolvimento com o Diabo. As vozes que ela ouvia, dirá o tribunal da Igreja, não eram as do Deus visível, mas do Anjo negro, deus obscuro e oculto. Seu carrasco, o bispo Cauchon, assistiu ao suplício, esperando uma renegação. Nada conseguiu: em meio às chamas, Joana entregou-se a Jesus. Vinte anos mais tarde, Carlos VII, que a abandonara, mas que, graças a ela, pudera restaurar o poder monárquico francês, instaurou um inquérito. Reabilitada em 7 de julho de 1456, Joana foi canonizada pelo papa Bento XV em 1920.[49]

Depois da morte do avô, em novembro de 1432, Gilles de Rais embrenhou-se no crime: em Champtocé, Tiffauges, Machecoul. Cercado por serviçais, que eram seus fornecedores, seqüestrava crianças das famílias camponesas e lhes impunha as piores sevícias. Retalhava os corpos, arrancava os órgãos, corações sobretudo, dando-se ao trabalho de sodomizá-las na hora de sua agonia. Freqüentemente, tomado pelo furor, usava seu membro ereto para esfregá-lo contra os ventres dilacerados. Era quando entrava numa espécie de delírio no momento da ejaculação. Preocupado com a estética e a perfeição teatral, escolhia as crianças mais bonitas — meninos de preferência —, fazendo-se passar por seu salvador e atribuindo o vício a seus

---

[48] Michelet conta que, segundo um cronista da época, os ingleses quiseram que seu vestido fosse primeiro queimado e que aquela mulher "obscena e impudica" permanecesse nua a fim de que a multidão pudesse constatar que era de fato uma mulher. Jules Michelet, *Le Moyen Âge*, Paris, Laffont, col. Bouquins, 1981, p.788.

[49] Durante o processo de reabilitação, foi preciso demonstrar que ela não cometera crime perverso (travestimento) e que vestira roupas masculinas apenas para preservar sua virgindade perante os ingleses, que queriam estuprá-la. Cf. Sylvie Steinberg. *Confusion des sexes: le travestissement, de la Renaissance à la Révolution*, Paris, Fayard, 2001.

lacaios. Assim, obtinha as mímicas desejadas. Seduzidas e sedutoras, as crianças eram misericordiosas com ele, sem saber que lhe provocavam intensa excitação. No auge da loucura, ele lhes rachava o crânio, depois entrava em transe, invocando o demônio ou transformando-se ele próprio num dejeto, sujo de sangue, esperma e restos de comida.[50] Toda a carnificina da guerra parecia ter-se deslocado para o campo fechado de uma fortaleza que não era mais senão o esgoto da antiga glória conquistada ao lado de Joana. A morte do avô abolira no neto todas as fronteiras de uma Lei não obstante já aviltada:

Nada refreava mais a raiva que o atormentava. Apenas o crime, essa negação de todos os freios, podia lhe proporcionar a soberania ilimitada que, aos seus olhos de adolescente, aquele homem possuíra. Gilles era o rival daquele que o criara, que ele seguira — e a quem admirava —, daquele homem agora morto, que o superara enquanto vivo. Ele ia por sua vez superá-lo. No crime.[51]

Mesmo caído na abjeção, Gilles não conseguiu esquecer Joana. E, como era fascinado pela arte da exibição — jogos, farsas, teatros, mistérios, festas —, quis comemorar o aniversário da libertação de Orléans. Para isso, gastou uma fortuna a fim de conferir mais pompa aos espetáculos oferecidos em sua homenagem. Quatro anos mais tarde, enquanto se multiplicavam os assassinatos de crianças, contratou para o seu séquito uma sósia da Virgem, julgando tratar-se da verdadeira Joana.[52] Durantes esses anos, ao mesmo tempo em que organizava suntuo-

---

[50] Gilles de Rais matou cerca de 300 crianças. Seus crimes deram origem à lenda do Barba Azul.
[51] Georges Bataille, *Le procès de Gilles de Rais*, op.cit., p.361.
[52] A trapaça foi desmascarada por Carlos VII.

sas cerimônias na capela dos Inocentes, onde criancinhas cantavam em coro para a glória de Jesus, invocava o Demônio sob os auspícios de François Pelati, sedutor florentino, insolente e corrupto, que lhe impingia que, multiplicando os assassinatos ou carregando poeira preta em seu pescoço, ele conseguiria convocar as formas maléficas. Apesar disso, o Diabo nunca visitou o marechal.

Em novembro de 1439, buscando dar um fim às pilhagens e aos assassinatos, Carlos VII promulgou uma ordenação pela qual tentava substituir os bandos de salteadores que seguiam as ordens dos grãos-senhores feudais por um exército regular e hierarquizado. "Essa ordenação ditada pela razão", sublinha Bataille, "é o prenúncio do nascimento de um mundo novo em que os Gilles de Rais não teriam mais lugar."[53] Foi o prenúncio da restauração da soberania real — e do fim da Guerra dos Cem Anos.

No ano seguinte, o rumor de seus crimes espalhou-se ainda mais e Gilles de Rais foi levado ao banco dos réus pela justiça eclesiástica, depois pela justiça secular da corte de Nantes, presidida por Miguel Hospitalário. Após negar todas as acusações — crimes contra crianças com sodomia, evocação dos demônios, violação da imunidade eclesiástica —,[54] Gilles passou às confissões, declarando que seus crimes haviam sido cometidos por iniciativa própria, conforme a inclinação de seus sentidos, e sem que seus comparsas tivessem a menor participação neles. Pediu que suas palavras fossem traduzidas em língua vulgar a fim de que pais e mães não educassem mais seus filhos na ociosidade. Exortou seus juízes a desconfiarem do consumo de vinho quente, de especiarias e estimulantes. Por fim, após ter implorado o perdão de Deus, pediu que o povo que o fizera sofrer o acompanhasse em seu suplício com cantos e procissões.

---

[53] Georges Bataille, *Le procès de Gilles de Rais*, op.cit., p.401.
[54] No dia de Pentecostes, ele entrara à força com seus cavaleiros na igreja de Santo Estêvão do Mar Morto, o que constituía um sacrilégio.

A princípio excomungado, Gilles de Rais foi reintegrado ao seio da Igreja, depois enforcado e queimado. Todavia, antes que seu corpo se reduzisse a cinzas, foi retirado das chamas da fogueira para ser sepultado por damas da nobreza. Portanto, num intervalo de nove anos, esse carrasco de alta linhagem teve direito a um processo mais equânime que o da humilde serva de Deus cujo espectro acompanhara sua vida. Mais que isso, como observará o abade Brossart, primeiro biógrafo de Gilles de Rais, o segundo processo foi de certa forma a figura invertida do primeiro: "Ambos compunham as duas causas mais célebres da Idade Média, e também talvez dos Tempos Modernos", mas o do carrasco de Machecoul é "em todos os aspectos o contrapé" do da virgem de Orléans.[55]

Durante o primeiro processo, a causa do bem fora aviltada e tachada de crime e heresia. Ao longo do segundo, ao contrário, a causa do mal fora metamorfoseada em uma oferenda a Deus mediante a graça da confissão e do arrependimento.

Convém dizer que, para esclarecer perante seus juízes a parte obscura de si mesmo, o criminoso não invocara nem paixão demoníaca nem causalidade natural — nem possessão nem instinto bestial. Mais simplesmente, fustigara a educação recebida em sua mocidade, assim remetendo a origem de sua decadência à figura odiada do avô. E quando os juízes quiseram saber por que se entregava àqueles crimes, e com que intenções, respondeu, indignado: "Para que nos atormentar, a vós e a mim?"[56]

Nada de tormento, portanto, nada de causas psicológicas, interioridade, intencionalidade, explicação — todas as considerações que no século XIX farão as delícias da sexologia e da criminologia. Gilles apresentava-se exclusivamente como o re-

---

[55] Abade Eugène Brossart, *Gilles de Rais, maréchal de France*, 1886, citado in Georges Bataille, *Le procès de Gilles de Rais*, op.cit., p.273.
[56] Ibid., p.484.

O sublime e o abjeto 41

bento de um educador que fizera dele, desde a infância, uma criatura abjeta, imersa no vício.

Com efeito, João de Craon aparecia aos seus olhos como o único responsável por seu ingresso na loucura assassina, e ele pedia maior vigilância para as gerações futuras. Apesar disso, os crimes cometidos por esse avô não eram nada comparados aos perpetrados pelo neto. O velho senhor feudal não passava do representante de um mundo guerreiro, brutal, arcaico. Só transgredia a Lei na medida em que pretendia encarnar pessoalmente a de sua linhagem. E fora para abolir essa figura tão odiada que Gilles pervertera não apenas a ordem da Lei, mas a própria ordem da lei do crime. Ao cometer crimes sexuais — isto é, crimes perversos ou "contra a natureza",[57] crimes vãos e por puro deleite —, que não visavam nem a destruir um inimigo nem eliminar um adversário, mas sim a aniquilar o humano no homem, Gilles tornara-se agente de seu próprio extermínio. E, a propósito, o espetáculo das crianças sodomizadas, degoladas e imoladas só fazia remetê-lo a seu status de criança pervertida pela lei do crime mas aspirante à graça. O monstro sagrado era uma criança, dirá Bataille, isto é, o mais perverso e o mais trágico dos criminosos.

Mediante a observação dos excessos cometidos pelos místicos ou pelos flagelantes, bem como através da reflexão empreendida em torno do modo de designação do crime perverso, a questão colocada, até o fim da idade clássica, era saber se a existência da face obscura de nós mesmos derivava de uma ordem divina, imposta ao homem — entre a queda e a graça —, ou se, ao contrário, era produto de uma cultura e de uma educação.

---

[57] Segundo a terminologia da época. Voltarei adiante a essa qualificação, que significa "contrário à ordem da procriação imposta por Deus".

Porém, com o advento do Iluminismo, a referência à ordem divina irá ofuscar-se em prol da noção de que o universo inteiro obedece às leis da natureza e de que o homem pode libertar-se das antigas tutelas da fé, da religião, da crença, do sobrenatural e da monarquia absoluta, e, portanto, também, das práticas escusas a elas associadas com vistas à salvação da alma: flagelações, suplícios, castigos, penitências etc.

Por conseguinte, a interrogação sobre a origem da parte noturna irá deslocar-se agora para outras vertentes, as quais Condillac, Rousseau, Diderot e os libertinos, em especial, não cessarão de discutir: seria ela a expressão de uma natureza bárbara do homem, que o distinguiria do animal e que seria preciso corrigir com o progresso e a civilização? Seria o fruto de uma má educação, que viria perverter a boa natureza humana? Não deveria ela, ao contrário, ser compreendida como o sinal da perda (necessária) de todas as inocências? Nesse caso, não passaria da expressão sensual de um grande desejo de deixar o corpo gozar segundo o princípio de uma ordem natural finalmente devolvida à sua potência subversiva.

É possível identificar, nesta última hipótese, a escolha feita por Sade: dar um fundamento natural à parte obscura de nós mesmos e, ao mesmo tempo, afastar-se do ideal dos libertinos, que reivindicavam os prazeres do corpo sob o risco de com isso perderem sua alma. Logo, é por um gesto que consistirá em inventar um universo de pura transparência sexual que o marquês pode ser visto simultaneamente como o mais flamejante representante do discurso perverso no Ocidente e como o fundador da noção moderna de perversão. Apesar de permanecer um homem do Iluminismo, por sua recusa da tutela divina e sua escolha da liberdade individual, Sade deturpará o projeto iluminista até metamorfoseá-lo em seu oposto: uma nova ordem disciplinar, sem limites, sem face oculta.

Constituída pelo imperativo desse gozo, essa nova ordem irá fundamentar-se, naturalmente, na abolição da Lei divina. Confrontada com as ciências em devir, que buscarão então classificar todos os comportamentos humanos, ela adotará suas regras e suas formas a ponto de parodiá-las e tentar excluir de seu campo a potência tenebrosa que a tornava possível.

2 Sade para e contra si mesmo

Ao contrário das místicas que faziam de seu corpo o instrumento de salvação de sua alma, os libertinos, insubmissos e rebeldes, buscavam viver como deuses e, portanto, libertar-se da lei religiosa, tanto pela blasfêmia quanto por práticas voluptuosas da sexualidade. Opunham à ordem divina o poder soberano de uma ordem natural das coisas. Segundo esse individualismo barroco, a experiência prevalecia sobre o dogma e a paixão sobre a razão. "Quando dizemos: aquele senhor está apaixonado por aquela senhora", afirmava Marivaux, "é a mesma coisa que disséssemos: o sujeito viu a mulher, sua visão excitou desejos em seu coração, ele arde de vontade de enfiar seu cacete na boceta dela."[1]

Na medida em que a idéia de transcendência parecia diluir-se e não mais permitir ao homem reportar-se a Deus para definir as forças do bem, o pacto com o Diabo tornava-se, como na lenda de Fausto, uma maneira de aceitar que a busca do prazer, ou, ao contrário, o gozo do mal, não passava da expressão de uma espécie de pulsão inerente ao próprio homem: a inumanidade do homem podia então ser vista como consubstan-

---

[1] Cf. Michel Delon, "Les mille ressources du désir", *Le Magazine Littéraire*, 371, dez 1998, p.32.

cial à sua humanidade, e não mais como conseqüência de uma decadência imposta pelo destino ou pela ordem divina.

Imediatamente após à morte de Luís XIV, Philippe d'Orléans, doravante regente sem restrições, contribuiu para uma dissolução progressiva do absolutismo real. Com ele e seus companheiros de devassidão, que se autodenominavam *"roués"*,[2] a libertinagem[3] encontrou sua forma política mais consumada, a ponto, aliás, de marcar o século inteiro e ser uma das causas do advento da Revolução. Orgias, blasfêmias, especulação econômica, gosto pela prostituição, pelo luxo, pelo desperdício e pelos escândalos, apego à chibata e à transgressão: todas essas práticas concorriam para um vasto questionamento dos valores da tradição, aos quais se opunha o desejo dos reflexos instantâneos. Fascinada pelos prazeres mais excessivos, a aristocracia era assim minada pela iminência de seu próprio fim. E, nada tendo a opor a seus inimigos, corria, cega, em direção à sua ruína: "Penetremos por alguns instantes no universo aristocrático de 1789", escreve Jean Starobinski. "Tentemos compreendê-lo de dentro tal como ele próprio se compreendeu. Descobrimos então uma secreta conivência com a condenação de que ele é objeto."[4]

Foi exatamente no cerne do ideal libertino que cresceu o marquês de Sade. Em certos aspectos, sua educação se assemelhou à de Gilles de Rais. Como este, com três séculos de intervalo, e numa França abalada por novas desordens políticas, Sade viu-se cercado, desde seu nascimento em 1740, por grandes

---

[2] Dignos do suplício da roda, à qual escaparão por misericórdia do regente.

[3] É por volta dos anos 1595-1600 que o fenômeno libertino faz sua aparição como reação às carnificinas das guerras religiosas. Cf. Maurice Lever, *Les bûchers de Sodome*, Paris, Fayard, 1985.

[4] Jean Starobinski, *L'Invention de la liberté, 1700-1789*, seguido de *Les emblèmes de la raison*, Paris, Gallimard, 2006.

46 A parte obscura de nós mesmos

predadores devassos, oriundos de uma nobreza arrogante, sem limites no exercício de seus prazeres, confinada no recôndito de seus castelos. "Educado com a convicção de pertencer a uma espécie superior", escreve Maurice Lever,

experimentou muito cedo o aprendizado da arrogância. Muito cedo julgou-se acima dos outros e autorizado a fazer uso deles a seu bel-prazer, a falar e agir como senhor, sem nenhuma censura de consciência ou de humanidade. Aos quatro anos, sua natureza despótica já estava formada. Os anos apenas contribuirão para consolidá-la .... Desde a infância, seus atos não traduzem senão uma trágica impotência de dizer.[5]

Mas a comparação com Gilles de Rais pára por aí. Sade, com efeito, nunca descambou para o crime radical, uma vez que foi antes com a escrita que com atos que realizou sua utopia de inversão da Lei. Príncipe dos perversos, confinado durante 28 anos sob três diferentes regimes — da fortaleza de Vincennes para o asilo de Charenton, passando pela Bastilha —, fez triunfar em sua obra o princípio de uma sociedade perversa que repousava não no culto do espírito libertino, mas em sua paródia e sua abolição.

Claro, o universo romanesco de Sade é povoado por grandes feras libertinas — Blangis, Dolmancé, Saint-Fond, Bressac, Bandole, Curval, Durcet —, mas em nenhum momento estes reivindicam qualquer filosofia do prazer, do erotismo, da natureza ou da liberdade individual. Muito pelo contrário, o que põem em ação é uma vontade de destruir o outro e se autodestruir num transbordamento dos sentidos. Em tal sistema, a natureza é claramente reivindicada como funda-

---

[5] Maurice Lever, *Sade*, Paris, Fayard, 1991, p.60.

mento possível de um direito natural, mas sob a condição de que seja apreendida como a fonte de todos os despotismos. A natureza no sentido sadiano é atormentada, passional, excessiva, e a melhor maneira de servi-la é seguir seu exemplo. Sade distorce então o Iluminismo numa "filosofia do crime e a libertinagem numa dança da morte".[6] Contra os enciclopedistas, que tentam explicar o mundo pela razão e por uma exposição dos saberes e técnicas, Sade constrói uma Enciclopédia do mal fundada na necessidade de uma rigorosa pedagogia do gozo ilimitado.

Eis por quê, ao descrever o ato sexual libertino — sempre fundado no primado da sodomia —, compara-o ao esplendor de um discurso perfeitamente construído. Ou seja, a princípio, o ato sexual perverso, em sua formulação mais altamente civilizada, e mais sombriamente rebelde — a de um Sade ainda não definido como sádico pelo discurso psiquiátrico —, é um relato, uma oração fúnebre, uma educação macabra, em suma, uma arte da enunciação tão ordenada quanto uma gramática e tão desprovida de afeto quanto um curso de retórica.

O ato sexual sadiano não existe senão como uma combinatória cuja significação excita o imaginário humano: um real[7] em estado puro, impossível de simbolizar. O esperma — ou melhor, a "porra" — fala nesse caso em lugar do sujeito. "Na posição em que me instalo", diz Dolmancé a Eugénie no momento em que esta é "agarrada" por Madame de Saint-Ange, "minha vara está rente às suas mãos, senhora. Faça a mercê de masturbá-la, por favor, enquanto chupo esse cu divino. Enfie mais a língua; não se limite a lhe chupar o clitóris; faça essa lín-

---

[6] Michel Delon, "Introduction", Sade, *Œuvres*, vol.1, Paris, Gallimard, col. Bibliothèque de la Pléiade, 1990, p.Lv.

[7] Emprego aqui o termo no sentido lacaniano, indicando uma realidade fenomênica impossível de simbolizar e composta de significantes foracluídos: um heterogêneo puro.

gua voluptuosa penetrar até a matriz: é a melhor maneira de apressar a ejaculação da sua porra."[8]

E, já que o ato sexual consiste sempre em tratar o outro como um objeto, isso significa que todos os objetos se equivalem e que, por conseguinte, o mundo vivo em seu conjunto deve ser tratado não apenas à maneira de uma coleção de coisas, mas segundo o princípio de uma norma invertida. O libertino, portanto, deverá procurar o último grau da luxúria nas criaturas — humanas e não-humanas — mais implausíveis. "Um eunuco, um hermafrodita, um anão, uma mulher de 80 anos, um peru, um macaco, um perdigueiro descomunal, uma cabra e um garotinho de quatro anos, bisneto da velha, foram os objetos de luxúria apresentados a nós pelas alcoviteiras da princesa."[9]

Uma vez providenciada a coleção dessas anomalias, o libertino deverá deliciar-se com ela inventando ao infinito o grande espetáculo das posições mais irreproduzíveis. Deverá enrabar o peru cortando-lhe o pescoço no instante da ejaculação, então acariciar os dois sexos do hermafrodita, ao mesmo tempo em que dá um jeito de ter no nariz o cu da velha prestes a cagar e em seu próprio o eunuco enrabando-o. Deverá passar do cu da cabra para o de uma mulher, depois para o cu do garotinho enquanto uma outra mulher seccionará o pescoço da criança: "Fui fodida pelo macaco", diz Juliette, "e de novo pelo perdigueiro, mas, no cu, pelo hermafrodita, pelo eunuco, pelos dois italianos, pelo consolo de Olympe: todo o restante me masturbou e lambeu, e saí dessas novas e singulares orgias após dez horas dos mais pitorescos prazeres."[10]

---

[8] Sade, *La philosophie dans le boudoir* (1795), *Œuvres*, vol.3, Paris, Gallimard, col. Bibliothèque de la Pléiade, 1998, p.22 [ed. bras.: *A filosofia da alcova*, Rio de Janeiro, Iluminuras, 2003]. E Roland Barthes, *Sade, Fourier, Loyola*, op.cit., p.729.

[9] Sade, *Histoire de Juliette* (1797), *Œuvres*, vol.3, op.cit., p.849-50.

[10] Ibid., p.852.

Mas Sade não se contenta em descrever cenas sexuais extravagantes páginas a fio. Confere-lhes um fundamento social e teórico, inspirando-se tanto em Diderot quanto em La Mettrie ou D'Holbach. Em *A filosofia da alcova*, publicado em 1795, põe em cena, sob forma de diálogo, o encontro, na "alcova deliciosa" de Madame de Saint-Ange, entre três libertinos — Dolmancé, Augustin e o cavaleiro de Mirvel —[11] e uma jovem virgem de 15 anos, Eugénie de Mistival, cuja mãe é carola e o pai, depravado. Após haver descrito a iniciação de Eugénie, Sade faz Dolmancé ler o célebre panfleto que ele escreveu em 1789: *Franceses, mais um esforço para serem republicanos*.

Nesse texto admiravelmente construído, e não comportando nenhum relato de atos sexuais, Sade preconiza, como fundamento para a República, uma inversão radical da lei que rege as sociedades humanas: obrigação da sodomia, do incesto e do crime. Segundo esse sistema, nenhum homem deve ser excluído da possessão das mulheres, mas nenhum pode possuir uma em particular. Daí decorre que as mulheres devem não apenas prostituir-se — tanto com mulheres quanto com homens —, como não aspirar senão à prostituição pela vida afora, uma vez que esta é a condição de sua liberdade. Como os homens, devem ser sodomitas[12] e sodomizadas na medida em que receberam da natureza pendores mais violentos que os dos homens para os prazeres da luxúria. Assim, são submetidas ao princípio generalizado de um ato sexual que imita o estado de natu-

---

[11] Este é a ao mesmo tempo irmão e amante de Madame de Saint-Ange. Será encarregado de deflorar Eugénie.

[12] Para obrigar as mulheres a serem sodomitas, Sade preconiza a utilização do consolo: "Após eu ter sido seu marido", diz Dolmancé a Madame de Saint-Ange, "quero que seja o meu; pegue o seu mais enorme consolo, ... prenda-o nos quadris, madame, e inflija-me agora as mais terríveis estocadas" (*La philosophie dans le boudoir*, op.cit., p.103-4).

reza — o coito *a tergo* —, mas que, ao mesmo tempo, dilui as fronteiras da diferença entre os sexos.

Na Antigüidade grega, a homossexualidade era qualificada como pederastia[13] e integrada à pólis como uma cultura necessária ao funcionamento da norma. Portanto, não excluía de forma alguma a relação com as mulheres, sobre a qual repousava a ordem reprodutiva, e apoiava-se na divisão entre um princípio ativo e um princípio passivo: um homem livre e um escravo, um menino e um homem já maduro etc. Em outros termos, sua função era iniciática e apenas os homens tinham direito a praticá-la, segundo uma hierarquia que excluía a igualdade entre os parceiros. Porém, quando um homossexual recusava qualquer contato com as mulheres, era visto como um anormal que atentava contra as regras da pólis e da instituição familiar. O perverso, portanto, não era o sodomita, mas aquele que usava sua inclinação pela sodomia para recusar as leis da aliança e da filiação.

Na época cristã — e como em todas as religiões monoteístas —, o homossexual tornou-se a figura paradigmática do perverso. O que assim o qualificava era a escolha de um ato sexual em detrimento de outro. Ser sodomita queria dizer recusar a diferença dita "natural" dos sexos, a qual supunha que o coito fosse consumado com fins procriadores. Daí resultava que todo ato sexual que infringisse essa regra era visto como perverso: onanismo, felação, cunilíngua etc. A sodomia, demonizada, foi então considerada a vertente mais escura da atividade perversa e assimilada tanto a uma heresia quanto a um comércio sexual com os animais (bestialidade),[14] isto é, com o Diabo. Visto

---

[13] A pederastia, na Grécia, baseava-se numa relação amorosa e sexual, com ou sem penetração, entre dois homens, um sendo o iniciador e outro o aluno: um adulto (*eraste*) e um adolescente (*erômenos*), entre 12 e 18 anos e em geral púbere.
[14] A questão da bestialidade, rebatizada como zoofilia pelos sexólogos, será tratada no Capítulo 5.

Sade para e contra si mesmo

como uma criatura satânica, o invertido da era cristã foi então considerado o perverso dos perversos, fadado à fogueira porque atentava contra o laço genealógico.[15] Mas nem por isso deixava de ser tolerado, ao menos nas famílias abastadas, desde que aceitasse casar e engendrar.

Com essa obrigação à sodomia (da qual Dolmancé é o mais puro representante, uma vez que nunca "fodeu boceta em sua vida"[16]), Sade reduz a nada o "antifísico",[17] isto é, a homossexualidade, na medida em que esta supõe uma livre escolha pelo mesmo sexo — com seu corolário: a consciência da diferença sexual e o desejo de sua transgressão ou sua superação. Logo, ele expulsa da pólis o personagem do invertido, o que aprecia apenas o outro do mesmo sexo, isto é, justamente aquele que, havia séculos, supostamente encarnava a perversão humana mais recalcitrante.

Com efeito, se os homens e as mulheres têm como dever primordial, segundo a filosofia sadiana, serem sodomitas, isso significa que o invertido não apenas perde seu privilégio de figura maldita, como desaparece como tal em prol do bissexual: no universo sadiano, as mulheres ejaculam, se excitam e enrabam como os homens. A sodomia é aqui reivindicada como uma dupla transgressão cujo imperativo seria fundado na dominação, subjugação e servidão voluntária: transgressão da diferença dos sexos, transgressão da ordem da reprodução. É a título disso que Dolmancé se regozija com uma possível

---

[15] Cf. Maurice Lever, *Les bûchers de Sodome*, op.cit.

[16] *La philosophie dans le boudoir*, op.cit., p.107.

[17] Antifísico: termo empregado no século XVIII, assim como infâmia, para designar tudo que diz respeito às perversões sexuais consideradas "vícios contra a natureza", e sobretudo à homossexualidade. Os "antifísicos" eram qualificados de "tias", "pederastas", "sodomitas", "bugres" (homens), "bugresas" ou "tríbades" (mulheres). Cf. Maurice Lever, *Les bûchers de Sodome*, op.cit.

extinção total da raça humana, não apenas pela prática da sodomia, como também pelo infanticídio, o aborto, a utilização do condom.[18] E, se filhos têm direito a ser concebidos, também é preciso que sejam engendrados, segundo Sade, fora do âmbito de qualquer prazer sexual e em virtude de copulações múltiplas que impeçam qualquer possibilidade de identificação de um pai. Logo, não podem ser senão propriedade da República, e não dos pais, devendo ser separados da mãe desde o nascimento para se tornarem objetos de prazer. A alcova sadiana repousa então na abolição da instituição do pai e na exclusão da função materna: "Aprenda, madame", diz Dolmancé à mãe de Eugénie, "que não há nada mais ilusório que os sentimentos do pai ou da mãe pelos filhos, e destes pelos autores de seus dias ... . Não devemos nada a nossos pais porque os direitos de nascença não estabelecem nada, não fundamentam nada."[19]

Por conseguinte, como boa aluna de seu professor, e depois de ler o panfleto, Eugénie sodomiza sua mãe. É quando Dolmancé pede a um valete para contaminar esta última. Em seguida, com a ajuda de duas mulheres, apodera-se de uma agulha a fim de "lhe costurar a boceta e o buraco do cu" à guisa de punição. Por fim, dirigindo-se ao cavaleiro, acrescenta: "Adeus, cavaleiro, não vá comer madame no caminho, lembre-se de que ela está costurada e com sífilis".[20]

Como podemos constatar, aos olhos de Sade só é aceitável a coletividade dos irmãos predadores, as mulheres tornando-

---

[18] Condom: saquinho de pele para o qual o sêmen escorre sem risco de atingir o "objetivo". Cf. Jean-Baptiste Jeangène Vilmer, *Sade moraliste*, Genebra, Droz, 2005.

[19] Sade, *La philosophie dans le boudoir*, op.cit., p.166. Cf. Também Lynn Hunt, *The Family Romance of the French Revolution*, Berkeley, University of California Press, 1992.

[20] Sade, *La philosophie dans le boudoir*, op.cit., p.177.

Sade para e contra si mesmo 53

se ora seus carrascos, porque os superam no vício, ora suas vítimas, quando se negam a obedecer às leis de uma natureza integralmente tomada pelo exercício do crime.[21] Sade propõe, de certa forma, um modelo social fundado na generalização da perversão. Nem interdito do incesto, nem separação entre o monstruoso e o ilícito, nem delimitação entre loucura e razão, nem divisão anatômica entre homens e mulheres: "Para conciliar o incesto, o adultério, a sodomia e o sacrilégio", diz ele, "o pai deve enrabar sua filha casada com uma hóstia."

É em nome dessa mesma generalização da perversão que ele propõe "destruir para sempre a atrocidade da pena de morte". Se o homem é assassino por natureza, diz Dolmancé, deve obedecer à sua pulsão. Dessa maneira, tem o direito, e mesmo o dever, de matar o outro sob o impulso de suas paixões. Em contrapartida, nenhuma lei humana pode substituir friamente a natureza para permitir que o assassinato se torne legal. Em outros termos, é porque a natureza é essencialmente criminosa que a abolição da pena de morte deve ser incondicional.

Em apoio a seu engajamento abolicionista, Sade acrescenta um argumento pragmático: a pena de morte não serve para nada. Não apenas não reprime o crime, que é natural no homem, como acrescenta um crime a outro, fazendo morrer dois homens no lugar de um.[22]

---

[21] Esta será a tese central e interminável dos grandes romances sadianos: *Justine ou Les malheurs de la vertu* (1791), *La nouvelle Justine*, seguido por *Juliette ou Les prospérités du vice* (1797). Cf. Sade, *Œuvres*, vol.2, Paris, Gallimard, col. Bibliothèque de la Plêiade, 1995, e vol.3, op.cit.

[22] Sade, *La philosophie dans le boudoir*, op.cit., p.125. Pascal já dizia: "Será preciso matar para impedir que haja vilões? Isso é criar dois em vez de um." Sade é o único escritor antes de Victor Hugo a se pronunciar por uma abolição incondicional da pena de morte. Cf. Jacques Derrida e Elisabeth Roudinesco, *De que amanhã... Diálogo*, Rio de Janeiro, Zahar, 2004.

54 A parte obscura de nós mesmos

Em *Os 120 dias de Sodoma*, obra de fôlego redigida na prisão entre 1785 e 1789 e concebida no modelo das *Mil e uma noites*, Sade descreve o sistema dos casamentos imaginado por quatro ilustres libertinos riquíssimos, incestuosos, sodomitas, devassos, criminosos, no fim do reinado de Luís XIV. Blangis, viúvo de três mulheres e pai de duas filhas, torna-se esposo de Constance, filha de Durcet, enquanto este se casa com Adelaide, filha de Curval, o qual por sua vez casa-se com Julie, filha mais velha de Blangis. Quanto ao bispo, irmão de Blangis, sugere entrar no círculo das alianças nele introduzindo Aline, sua sobrinha, segunda filha de Blangis, com a condição de que o deixem participar das três outras. Cada pai conserva sobre suas filhas um direito de fornicação, e nada permite dizer que Aline seja filha de seu pai e não de seu tio, uma vez que este foi, anteriormente, amante de sua mãe, logo, de sua cunhada, razão pela qual assume sua educação. Constituída em uma sociedade de celerados, essa estranha família decide reunir-se no lúgubre castelo de Silling e se cercar de "fodedores" e de dois haréns: garotos de um lado, garotas do outro.

Logo, é pela institucionalização desse sistema de aliança, troca e filiação, que desafia, parodiando-as, todas as regras do parentesco, que os quatro libertinos — Blangis, Durcet, Curval e o bispo — podem em seguida entregar-se a todas as exações possíveis segundo um ritual esmeradamente organizado. O castelo de Silling se parece com um mosteiro do vício em cujo interior todos os momentos da vida são submetidos a uma rigorosa codificação. Cada sujeito é metamorfoseado num objeto inerte, uma espécie de vegetal, cujos comportamentos são mensurados e avaliados em seus menores detalhes. Gestos, pensamentos, maneiras à mesa, defecação, toalete íntima, sono, roupas: tudo é vigiado e passa à alçada do rito. Nesse lugar mortuário, os humanos são reduzidos a coisas sobre as quais reinam déspotas que são igualmente coisas, uma vez que obedecem à regra de um confinamento voluntário que não passa da realização de uma fetichização da existência humana. No cerne desse universo lúbrico, imundo, abjeto, comandado pela lei do crime, ninguém pode escapar a seu destino: nem os carrascos nem as vítimas.

Dessa forma, durante quatro meses, dia a dia, as genealogias perversas são construídas em virtude de um relato por sua vez elaborado no modelo de uma historiografia pervertida: os adolescentes são "casados" entre si — Michette e Giton, Narcisse e Hebe, Colombe e Zélamir, Cupidon e Hyacinthe — a fim de serem todos desvirginados, masturbados, sodomizados, depois torturados pelos libertinos com a cumplicidade de suas "esposas" — que são também suas filhas — e na presença de quatro "historiadoras", ex-prostitutas já passadas dos 50 anos e que têm como missão não apenas fornecer aos atores desse teatro do vício a matéria-prima de que eles precisam, como produzir o relato de seus horrores: Madame Duclos, qualificada de "belo cu"; Martaine, dita "mamãe gorda"; madame Champville, a adepta de Safo; e, finalmente, Desgranges de "cu estriado", amputada de três dedos, de um mamilo, de seis dentes e de um olho.

É no coração desse banquete infinito, em que se sucedem orgias e discursos, que se elabora um catálogo da sexualidade perversa, que servirá de referência, um século mais tarde, para os artífices da sexologia. Eis alguns exemplos disso, escolhidos entre as "150 paixões de segunda classe":

Ele chupa um cu merdáceo, masturba esse cu merdáceo com a língua e se masturba num cu merdáceo, depois as três meninas mudam. ... Ele quer quatro mulheres; fode duas delas na boceta e duas na boca, zelando para não enfiar o pau na boca de uma senão ao sair da boceta da outra. Durante esse tempo, uma quinta vai atrás dele e agita um consolo no seu cu.[23]

Outros exemplos, dentre as 150 paixões assassinas:

Ele gostava de ver uma vela queimar até o fim no ânus da mulher: ele a amarra na ponta de um fio e a atocha com o toco. ... Um bugre coloca-se embaixo de uma torre, num lugar guarnecido de pontas de ferro. Jogam em cima dele, do alto da torre, diversas crianças de dois sexos que ele enrabou antes: ele se compraz em vê-las serem transpassadas e chafurdar em seu sangue.[24]

Aspirando dessa forma a dar à sociedade um fundamento que inverta a Lei, Sade pretende-se o grande domesticador de todas as perversões. Eis por quê, ao lermos alguns de seus grandes textos — sobretudo os famosos *120 dias de Sodoma* —, vemo-nos mergulhados no coração de um relato estarrecedor, que, em virtude de narrar com tal furor as situações mais monstruosas, acaba por se transformar em seu contrário, a ponto de lembrar um jogo recreativo em que viriam soçobrar todas as fantasias típicas dessa perversidade polimorfa que caracteriza o mundo da infância. Um mundo cruel feito de aranhas sem patas, humanos disformes, quimeras, aves esquartejadas, em suma, todo um breviário da desconstrução corporal que, sabemos, permite à criança projetar

---

[23] Sade, *Les cent vingt jours de Sodome*, *Œuvres*, vol.1, op.cit., p.113-4 [ed. bras.: *Os 120 dias de Sodoma*, Rio de Janeiro, Iluminuras, 2006].
[24] Ibid., p.352 e 373.

para fora de si o terror que lhe inspira sua entrada no universo da linguagem.

Daí o paradoxo: ao inventar um mundo centrado na absoluta transparência dos corpos e da psique, isto é, numa infantilização fantasística das condutas humanas, Sade propõe um modelo de laço genealógico que elimina a perversão para melhor normalizá-la — e portanto impedi-la de desafiar a Lei. Assim, tenta — sem conseguir, uma vez que dela quer fazer a Lei — aboli-la enquanto parte obscura da existência humana. A esse respeito, reproduzimos de bom grado o ponto de vista de Michel Foucault segundo o qual Sade teria inventado um "erotismo disciplinar": "Que se dane então Sade; que se dane a sacralização literária de Sade: ele nos entedia, é um disciplinar, um sargento do sexo, um amanuense dos cus e seus equivalentes."[25]

É portanto com Sade, no fim do século XVIII, e com o advento do individualismo burguês, que a perversão torna-se a experiência de uma desnaturalização da sexualidade que imita a ordem natural do mundo. Entretanto, embora afirme que a natureza humana é a fonte de todos os vícios e que o homem é compelido a servi-la, Sade não consegue domesticar a perversão. Claro, ela é a Lei que substitui qualquer Lei divina, porém, ao mesmo tempo, escapa ao controle dos homens, uma vez que se grava no mármore da natureza em estado de perpétuo movimento.

Como conseqüência, através dessa inversão sadiana, a perversão é como dessacralizada no exato momento em que Deus, à imagem do poder monárquico, é despojado de sua soberania. E, no grande gesto sadiano de furor selvagem, ela é propelida para além do eixo do bem e do mal, uma vez que não desafia mais nada senão a si própria: "O senhor não pode ser amea-

---

[25] Michel Foucault, *Dits et écrits*, IV, Paris, Gallimard, 1994, p.822. Cf. Também François Ost, *Sade et la loi*, Paris, Odile Jacob, 2005.

çado", escreve Christian Jambet, "porque ninguém consegue ser mais bárbaro que ele."[26]

Por outro lado, se não houvesse passado de um mero libertino, pornógrafo e panfletário, levando uma existência de dândi no contexto de uma época dominada pela tranqüilidade, o marquês nunca teria sido capaz de ocupar essa postura única de príncipe dos perversos na história ocidental (literária e política). Profanador da Lei, inventor de uma erótica disciplinar, senhor que desafia apenas a si próprio, miasma obsceno jogado às traças por três regimes sucessivos, em suma, criador de uma linguagem do êxtase textual capaz de resistir a todos os interditos,[27] Sade é também aquele que tornou desejável o mal,[28] desejável o gozo do mal, desejável a perversão enquanto tal. Nunca pintou o vício para torná-lo detestável.[29]

Para compreender a lógica das inversões permanentes que fizeram da obra sadiana o paradigma de um novo olhar dirigido à perversão e do homem Sade um objeto de vergonha, depois um caso clínico, convém analisar a dialética que une sua vida à elaboração de sua obra. "Sade", escreve Bataille, "não teve em sua vida senão uma ocupação, que definitivamente o arrebatou, a de enumerar até o esgotamento as possibilidades de destruir os seres humanos, destruí-los e gozar com o pensamento de sua morte e de seu sofrimento."[30]

---

[26] Guy Lardreau e Christian Jambet, *L'Ange*, Paris, Grasset, 1976, p.185. Christian Jambet foi o primeiro a observar a analogia do modelo sadiano — "metafísica do gozo" — com a economia liberal.

[27] Roland Barthes, *Sade, Fourier, Loyola*, op.cit., p.701-861.

[28] Cf. Georges Bataille, *La littérature et le mal* (1957), Paris, Gallimard, col. Folio-Essais, 2004, p.83 [ed. bras.: *A literatura e o mal*, Porto Alegre, L&PM, 1985, esgotado].

[29] Nesse ponto, não partilho a tese de Jeangène Vilmer, *Sade moraliste*, op.cit., p.295.

[30] Georges Bataille, *La littérature et le mal*, op.cit., p.88.

Sade passou sua infância entre um pai libertino devasso e sodomita,[31] gostando tanto de meninas quanto de meninos, e uma mãe que o entregou bem jovem à amante de seu pai, a esposa do príncipe de Condé. Com a morte do príncipe, foi adotado pelo irmão deste, o conde de Charolais, conhecido por sua crueldade e depravação: na caça, atirava em seus semelhantes por diversão — e mais ainda nos operários que trabalhavam em seus domínios.

Aos cinco anos, Donatien não manifestava nem afeto nem culpa, deleitando-se em infligir às outras crianças todo tipo de violência. Foi então que seu pai decidiu enviá-lo para a Provence, para a comunidade de Saumane, onde foi recebido por irmãs que o trataram como um pequeno Jesus. Todos os mimos de que foi objeto só fizeram aumentar sua arrogância e sua fúria, até o dia em que foi posto sob a tutela de seu tio, Paul Aldonse de Sade, abade libertino, voltairiano e erudito, apaixonado pela flagelação e a pornografia, e vivendo em companhia de duas mulheres (uma mulher e sua filha), das quais dispunha a seu bel-prazer. Diante do sobrinho, a quem iniciou em uma imensa cultura literária e histórica, embora confiando sua educação a um preceptor, entregava-se à devassidão com lavadeiras e prostitutas.

Quando completou dez anos, Donatien deixou o castelo de Saumane e voltou para Paris a fim de ingressar no famoso colégio Louis-le-Grand, dirigido por jesuítas. O ensino que recebeu era acompanhado de numerosas referências à arte teatral, a que também vinha se somar uma prática cotidiana da chibata e dos castigos corporais. Tornando-se adolescente e iniciado na sodomia pelos professores e alunos do colégio, o jovem Sade adquiriu o hábito de passar seus verões no campo com uma

---

[31] É a Maurice Lever que devemos a primeira biografia de Sade — a única até o dia de hoje — que permite relacionar sua vida e a gênese da obra.

ex-amante de seu pai, Madame de Raimond. Cercado por um bando de mulheres mais ou menos libertinas, era tratado como um querubim a quem masturbavam e davam banhos de óleo de amêndoa, o que extasiava o conde, que ficou literalmente apaixonado pelo filho. Assim, introduziu-o no mundo da aristocracia, onde o rapaz iniciou-se na prática da libertinagem.

Foi quando entrou para o serviço do exército real como tenente, passando alguns anos nos campos de batalha, onde revelou uma inclinação irreprimível para o assassinato. Jogador e devasso, Donatien escolheu viver em Paris, enquanto seu pai, arruinado pelos vícios e prodigalidades, esfalfava-se para lhe arranjar um bom partido. Depois de desejar se casar com uma mulher nitidamente mais velha que ele, pela qual se apaixonara, aceitou a mão de Renée-Pélagie, uma jovem e rica burguesa, mais para feia, de feições viris e maltrapilha. A mãe desta, Marie-Pélagie de Montreuil, apelidada de Presidenta, tinha apenas um objetivo nesse negócio: ligar o destino de sua família a um dos mais prestigiosos nomes da nobreza francesa.

Instalado na casa da sogra em 1763, Sade infligiu toda sorte de baixezas, surras e injúrias à sua esposa, às quais esta curvou-se por obediência à exigência materna, mas também porque, ao lado do furioso marido, tinha a sensação de viver acima das Leis. Quanto à Presidenta, manteve com o genro, pela vida afora, uma relação de ódio e fascinação que os confinou a ambos numa perpétua luta de morte. Quanto mais ela procurava submetê-lo à soberania do Bem, mais ele a desafiava com atos transgressivos que a remetiam não apenas à sua própria impotência em domá-lo, como à imagem invertida da virtude cuja Lei ela pretendia encarnar. "Madame de Montreuil opõe a seu adversário, confuso e caótico", escreve Maurice Lever,

um inflexível rigor, um espírito de ordem e de método. Ela é quase certeira em seu cálculo, sempre exata e diligente, utilizando nesse jogo as precauções do felino que, pacientemente, espreita sua vítima e, depois, num súbito impulso, atira-se sobre ela. Seu ódio será tanto mais feroz quanto mais ela se sentir enganada após ter sido seduzida.[32]

Por conseguinte, o casamento não impediu o marquês de se entregar a seus vícios. E foi com Jeanne Testard, uma jovem operária grávida que às vezes fazia "programas", que ele voltou a se enfurecer contra a religião. Um dia, ao mesmo tempo em que ejaculava num cálice, introduziu-lhe hóstias no ânus, depois de se flagelar com uma palmatória em brasa. Obrigou-a no fim a blasfemar e tomar um laxante para que se aliviasse sobre um crucifixo.

Denunciado, depois encarcerado no torreão de Vincennes, Donatien decidiu escrever livros. Dois anos mais tarde, instalava-se no castelo de Lacoste, na Provence. Ali levou uma vida mundana, arruinou-se e encetou uma carreira de homem de teatro. Após a morte do pai, que se voltara para a religião, tornou-se o homem mais devasso do reino da França, conhecido e temido ao mesmo tempo por suas extravagâncias e seus incontáveis casos com atrizes. Antes mesmo de haver escrito, transformara sua vida em matéria-prima de uma obra vindoura.

Em 1768, cercado por seus criados, entregou-se a outros atos de blasfêmia, flagelação e sodomia com Rosa Keller, uma fiandeira de algodão relegada à mendicância. Após um longo processo, foi preso domiciliarmente em seu castelo, continuando a provocar escândalos em Marselha. Durante uma noite de devassidão, forneceu cantárida a prostitutas a fim de sorver melhor suas matérias fecais. Sade logo foi visto como um caso clínico pela alta sociedade da época: um novo Gilles de Rais, um ogro, um estranho inventor de ungüentos. Após ter sedu-

---

[32] Maurice Lever, *Sade*, op.cit., p.121.

zido a irmã de sua esposa, Anne-Prospère de Launay, cônega de seu estado, foi considerado incestuoso. A cunhada festejava com deleite as práticas em que Sade a iniciara. Quanto a Renée-Pélagie, foi, durante alguns anos, cúmplice do marido, aceitando porém com repulsa a sodomia que este lhe infligia e assistindo, impotente, a seus atos de devassidão com criados adolescentes, meninas e meninos. Condenado à morte por crime, blasfêmia, sodomia e envenenamento,[33] Sade foi preso a pedido de sua sogra, a princípio no torreão de Vincennes, em 1777, depois na Bastilha em 1784. Ali viveu corretamente, durante cinco anos, cercado por uma biblioteca de 600 volumes. Foi durante esse período que incorreu na "inconveniência maior".[34] Obrigado a renunciar às suas passagens ao ato e a praticar um mero onanismo furioso, sofrendo de hemorróidas, de um início de obesidade e de uma progressiva vista cansada, ainda assim aproveitou-se do confinamento para conquistar, na intimidade de um violento confronto consigo mesmo, a mais elevada das liberdades, a única à qual pôde aspirar: a liberdade de dizer tudo — logo, de escrever tudo. Ao longo dessa prova iniciática, marcada por uma longa série de recriminações em relação aos outros, passou da abjeção à sublimação, da barbárie pulsional à elaboração de uma retórica da sexualidade. Em suma, passou do status de perverso sexual ao de teórico das perversões humanas. Consciente de ter-se tornado autor de uma obra inaceitável para a sociedade, redigiu *Os 120 dias de Sodoma* tendo o cuidado de copiar seu manuscrito em minúsculos papeizinhos enrolados a fim de melhor dissimulá-los. "Escrita, a merda não tem cheiro", assinala Barthes. "Sade pode inundar

---

[33] Sade nunca cometeu crime nem envenenamento.
[34] Segundo as palavras de Maurice Blanchot, *L'Inconvenance majeure*, Paris, Pauvert, col. Libertés, 1965.

suas parceiras com ela, não recebemos nenhum eflúvio, apenas a marca abstrata de um desconforto."[35]

Julgado louco por haver berrado de sua cela que estavam degolando prisioneiros no interior da fortaleza, Sade foi transferido para o hospício de Charenton em 2 de julho de 1789. Doze dias mais tarde, sua cela foi saqueada e os preciosos rolos desapareceram. Sade nunca mais os veria. Recolhidos por uma família oriunda da nobreza, permaneceram com ela durante três gerações antes de serem vendidos a um colecionador alemão que os guardou numa caixa. Publicado pela primeira vez em 1904, pelo psiquiatra e sexólogo alemão Iwan Bloch, ele próprio autor de uma biografia do marquês,[36] o manuscrito dessa obra única no gênero, por sua força transgressiva, saiu da Alemanha em 1929. Foi no mês de janeiro desse ano, com efeito, que o escritor e médico Maurice Heine, pioneiro nos estudos sadianos, viajou até Berlim a fim de repatriá-lo para a França.[37]

Em 1790, após a abolição das *lettres de cachet*,[38] Sade pôde sair do hospício de Charenton justamente no momento em que sua esposa tomava a decisão de se divorciar. O espetáculo da Revolução provocara nela uma curiosa conversão. Assim como se curvara, contra as ordens maternas, às exigências de um es-

---

[35] Roland Barthes, *Sade, Fourier, Loyola*, op.cit., p.820.

[36] Sob o pseudônimo de Eugène Duehren.

[37] Trata-se do único manuscrito conhecido de Sade. Durante o saque da fortaleza da Bastilha, Arnoux de Saint-Maximin descobriu o rolo, que foi em seguida transmitido à família Villeneuve-Trans antes de ser entregue a Iwan Bloch (1872-1922), que o publicou em francês, mas de maneira incompleta. Mais tarde foi Maurice Heine (1884-1940) que o arrematou em nome do visconde Charles de Noailles (1891-1981) e o editou em três volumes por assinatura. Jean-Jacques Pauvert o reproduziu, o que lhe valeu um processo (1955-56). O manuscrito encontra-se hoje na fundação Martin-Bodmer, em Genebra.

[38] Decreto da Assembléia Nacional de 13 de março.

poso sacrílego que desafiava a lei dos homens e profanava a Igreja, da mesma forma o rechaçou quando foram abolidas as leis sobre a blasfêmia e a sodomia. E, diante das igrejas saqueadas, viu-o como a encarnação do mal absoluto, que, a seus olhos, não passava mais senão do vetor sangrento de uma grande pilhagem dos valores cristãos: um real incontornável.

De sua parte, louvando essa Revolução que pusera fim a seu confinamento, Sade declarava-se por toda parte homem de letras, assinando com um pseudônimo obras teatrais medíocres, justamente quando escrevia, no mais absoluto segredo, alguns de seus textos mais subversivos. Assim como a Revolução metamorfoseara o curso da vida de Renée-Pélagie, da mesma forma cavava um novo fosso na relação de Sade com a Lei.

Seja como for, graças à Revolução, o marquês conseguiu dissociar-se oficialmente da parte obscura de si mesmo, embora torpedeando, com suas obras clandestinas, os ideais de uma sociedade cujas estruturas já se achavam fortemente abaladas. Levou então uma vida oposta à que levara sob o Ancien Régime.

Foi com uma atriz de origem modesta, Marie Constance Quesnet, que esse grande predador libertino, outrora tão violento, transformou-se num amante, se não virtuoso, pelo menos quase fiel, mas também num pai. Ao passo que não dava a mínima para filhos legítimos, aos quais amaldiçoará incansavelmente, cuidou muito bem, anos a fio, do filho de sua amante, zelando entretanto para mantê-los a ambos na mais perfeita ignorância das obras que publicava sob pseudônimo — em especial *Justine ou Os infortúnios da virtude*, primeiro fascículo da interminável saga de duas irmãs (Justine e Juliette), uma virtuosa e condenada ao infortúnio, a outra lasciva e fadada à prosperidade.[39]

---

[39] Sade, *Justine ou Les malheurs de la vertu*, *La nouvelle Justine ou Les malheurs de la vertu*, seguido por *Histoire de Juliette ou Les prospérités du vice*, op.cit.

Em setembro de 1792, na seção[40] de Piques, apresentou-se como "cidadão Sade". Sonharia ele talvez com uma Revolução que não traísse a Revolução e que tivesse como divisa: "Francês, mais um esforço..."? Ou aspiraria talvez, sem acreditar nisso, à instauração de uma sociedade perversa que adotaria como imperativo categórico a lei do crime, do incesto e da sodomia? Em todo caso, foi possivelmente esta a razão pela qual não buscaria, no cerne da tormenta, identificar-se com uma qualquer nova ordem do mundo. Apenas o instante presente parecia detê-lo, tal como um diamante suspenso no vazio da Lei abolida.

Príncipe dos perversos, o *ci-devant*[41] marquês desempenha à perfeição os papéis que ele próprio se atribui à medida que se desdobram aos seus olhos as múltiplas facetas do grande teatro da Revolução. Da mesma forma, sente-se impossibilitado de ocupar um lugar no seio de uma facção, um grupo, um vínculo:

> Sou jacobita, odeio-os mortalmente, adoro o rei, mas detesto os antigos abusos; amo uma infinidade de artigos na Constituição, outros me revoltam, quero que devolvam à nobreza seu lustro porque de nada adianta lho confiscar; quero que o rei seja o chefe da nação ... . Que sou agora? Aristocrata ou democrata? Digam-me por favor, pois da minha parte não entendo nada.[42]

Como cidadão, salvou a vida dos sogros, a quem não obstante odiava, quando estes haviam sido condenados à prisão:

---

[40] Seção: divisão territorial e administrativa de Paris, que fora reorganizada em 48 seções ou distritos por um decreto de 21 de junho de 1790. (N.T.)
[41] *Ci-devant*: ex-nobre que teve os privilégios abolidos pela Revolução. (N.T.)
[42] Sade, "Carta de 5 de dezembro de 1791", citada por Georges Bataille, *La littérature et le mal*, op.cit., p.85.

"São meus maiores inimigos, vagabundos, celerados, mas sinto pena", escreve. Na realidade, aquele que, em seus livros, preconizava suplícios e assassinatos de todo tipo, com a condição de que fossem realizados como outros tantos atos naturais emanados de uma pulsão soberana, tinha horror, repito, à idéia em si de uma possível institucionalização do crime. A visão do cadafalso fazia-o vomitar, e o espetáculo dos corpos decapitados mergulhava-o num abismo de terror. Sade, teórico das perversões sexuais mais sofisticadas, jamais suportou a idéia de que seu imaginário bárbaro pudesse se confrontar com o real de um acontecimento que, por sua própria selvageria — a do Grande Terror —, ameaçasse exorcizá-lo, até mesmo aniquilá-lo. Quando Maria Antonieta foi executada, após ter sido acusada de incesto e práticas sexuais lascivas, ele se identificou com o destino da rainha deposta, cheio de compaixão pelas humilhações por ela sofridas.

O momento mais trágico desse embate impossível entre o universo sadiano e a realidade da aventura revolucionária produz-se na hora da descristianização. Proferindo um ateísmo radical, Sade, usando um gorro vermelho, celebra o acontecimento: "E como a tirania não apoiaria a superstição? Ambas alimentadas no mesmo berço, ambas filhas do fanatismo, ambas servidas por essas criaturas inúteis chamadas padre no templo e monarca no trono, deviam ambas ter as mesmas bases e ser protegidas."[43]

Menos de uma semana depois dessa imprecação contra as "sagradas ninharias", Robespierre põe fim à campanha anticristã: "Aquele que quer impedir a missa", disse ele, "é mais fanático que aquele que a oficia. Há homens que querem ir mais longe, que sob o pretexto de destruir a superstição querem transformar o próprio ateísmo numa espécie de religião ... . Se Deus não existisse, teríamos que inventá-lo."[44]

---

[43] Maurice Lever, *Sade*, op.cit., p.510.
[44] Discurso à Convenção, 21 de novembro de 1793, citado ibid., p.511.

Condenado sob o Ancien Régime por crimes — sodomia e blasfêmia — que haviam sido abolidos pela nova Constituição, Sade foi condenado à prisão por ateísmo e moderantismo, depois encarcerado numa ex-casa de tolerância. Durante três semanas, na falta de lugar, dormiu nas latrinas. O mau cheiro lhe era insuportável. E, não obstante, em seus escritos e em sua vida pregressa, Sade havia sido o iniciador e o propagandista de um verdadeiro culto do poder olfativo dos excrementos. Nesse aspecto, aliás, embora se pretendesse servo do Iluminismo, permanecia apegado àquele universo arcaico do fedor que tanto fascinava os libertinos e arrepiava a burguesia,[45] desejosa de instituir os princípios de um novo higienismo. De toda forma, pela maneira como ritualizara ao extremo práticas de defecação e ingestão de toletes, soubera encenar, na língua do Iluminismo, a face mais negra de uma pedagogia do lixo e da imundície, cujos vestígios encontraremos tanto no discurso dos sexólogos quanto no dos adeptos do nazismo.

---

[45] Cf.Alain Corbin, *Le miasme et la jonquille: l'odorat et l'imaginaire social XVIIIᵉ-XIXᵉ siècle*, Paris, Aubier, 1982. É a Patrick Suskind que devemos, sob a forma de um romance, *O perfume*, a análise mais sutil das metamorfoses do poder olfativo no século XVIII, incessantemente marcadas pela alternância entre os fedores da antiga nobreza e a aspiração burguesa a um novo higienismo. O autor retraça o itinerário de um personagem de ficção, Jean-Baptiste Grenouille, que ele compara a Sade e a Marat e a quem atribui todas as características do criminoso mais perverso. Nascido num repugnante beco parisiense, de uma mãe que limpava peixes constantemente, Jean-Baptiste é descrito como uma espécie de monstro sem afeto nem consciência, mas dotado de um olfato fabuloso que lhe permitirá tornar-se o maior perfumista de seu tempo, passando assim da pior das abjeções ao mais elevado grau de civilização. Mas esse êxito não o impede de pôr seu talento a serviço de sua pulsão destruidora. Após ter provocado a morte de todos com quem se depara, procura extrair, para dela fazer o perfume mais sublime, a própria essência do corpo humano. E, para tanto, comete, sem a menor culpa e em nome da ciência dos aromas, os crimes mais atrozes. Morrerá, vítima de si mesmo, devorado cru por um bando de rufiões e putas, em meio ao fedor cadavérico do cemitério dos Inocentes. Cf. Patrick Suskind, *O perfume* (Zurique, 1985), Rio de Janeiro, Record, 2006.

68 A parte obscura de nós mesmos

Foi enfim em razão de seu ateísmo, e porque era suspeito de ser autor de *Justine*, que Sade foi condenado à morte em março de 1794, não sem haver tentado inutilmente reafirmar sua fidelidade à nação. Todavia, conseguiu ser albergado na Maison Coignard, em meio aos loucos e ricos aristocratas que, mediante dinheiro, encontravam ali um refúgio para escapar à guilhotina. Todas as noites, por ordens da Convenção, guardas despejavam no jardim dessa casa os corpos ensangüentados dos que não haviam conseguido escapar à decapitação. Em vez de se deliciar com esse espetáculo, como os personagens de seu livro, Sade ficou horrorizado. A queda de Robespierre permitiu-lhe voltar à liberdade.

Contudo, nenhum regime podia tolerar a presença de tal homem no seio da sociedade civil. E, como seus atos continuavam a escapar ao alcance da Lei, foi preciso detectar não somente no homem Sade, mas também em sua obra, o vício que permitisse confiná-lo sob a acusação de ser louco. Não haviam encontrado em seu quarto "um instrumento enorme, que ele fabricara com cera e do qual ele próprio se servia, de maneira que o instrumento conservava vestígios de sua introdução culpada"?[46] Como não ver que aquele objeto devia ser posto em relação com o universo romanesco de *Justine*, "produção monstruosa, coleção horrível de crueldades inverossímeis"?[47] Não precisava tanto para um veredicto, não de blasfêmia, devassidão, sodomia ou masturbação — que, lembremos, não eram mais consideradas crimes —, mas de "demência libertina".

Em 1803 teve início então o longo périplo que levaria Sade, um ano mais tarde e pelo resto da vida,[48] ao asilo de Charenton.

---

[46] Relatório policial, citado por Maurice Lever, *Sade*, op.cit., p.593.

[47] Citado por Michel Delon, in Sade, *Œuvres*, vol.1, op.cit., p.xxxv.

[48] Antes, ele passara uma temporada em Bicêtre: "A loucura e a sífilis juntaram-se ali à miséria e ao crime. Idosos, enfermos, epiléticos, sarnentos, retardados mentais, venéreos, mendigos, vagabundos amontoavam-se misturados a ladrões, rufiões, trapaceiros etc." (cf. Maurice Lever, *Sade*, op.cit., p.594).

Sade para e contra si mesmo 69

Nessa data começava uma terrível batalha em torno da definição da loucura e de sua possível cura, a qual viria a opor, durante todo o século, juristas e psiquiatras — somada, no cerne do processo de medicalização das grandes paixões humanas que se esboçava, à questão de saber o que aconteceria com a natureza da perversão num mundo em que os perversos, tratados como doentes, não pudessem mais desafiar a Deus, tendo como horizonte apenas o recurso à ciência.

É perfeitamente compreensível a preocupação da burguesia em consolidar seu poder sob o Império relegando Sade entre os loucos a fim de reduzir sua obra ao silêncio. Mas isso em absoluto nos exime do debate sobre o homem Sade: seria um alienado, mesmo gozando claramente de todas as suas faculdades mentais?

Diretor do asilo, ex-*montagnard*[49] e ex-padre, François Simonet de Coulmier era um dos artífices da nova psiquiatria pineliana, baseada no tratamento moral e na humanização dos loucos.[50] Desde sua nomeação em 1797 como auxiliar do médico-chefe Jean-Baptiste Joseph Gastaldy, que partilhava suas orientações, empenhava toda a sua energia em reformar as condições de internação dos doentes, privilegiando as atividades do espírito em detrimento das intrusões corporais: dietas, sangrias, laxantes.

---

[49] *Montagnard*: membro do partido formado, sob a Convenção Nacional, por um certo número de deputados que se sentavam nos degraus mais elevados e à esquerda da Assembléia, a Montanha. (N.T.)

[50] Philippe Pinel, Valentin Magnan e Étienne Esquirol foram os grandes protagonistas desse debate. Philippe Pinel (1745-1826): fundador francês da psiquiatria, médico-chefe do hospital de Bicêtre, depois do hospital da Salpêtrière. Jean-Étienne Dominique Esquirol (1772-1840): aluno de Pinel, teórico das monomanias e idealizador do hospício moderno. Valentin Magnan (1835-1916): psiquiatra francês adepto do modelo da degenerescência; será ele que virá a impor o uso da expressão "perversões sexuais" em lugar de "aberrações" ou "anomalias". Cf. o Capítulo 3 do presente volume.

Intimado pelo ministro de sua área a impor uma rigorosa vigilância a Sade, concedeu a seu ilustre hóspede, ao contrário, meios de viver corretamente, de escrever e dedicar-se à sua paixão pelo teatro. Mais que isso, autorizou-o a ter Constance a seu lado. Dessa forma, negou-se a classificar Sade na categoria dos alienados, ao mesmo tempo em que o incitava a se tornar por sua vez instigador de uma teatralização de suas próprias pulsões. Provavelmente tinha consciência do estado mental em que se achava o marquês, convencido de ser vítima de uma grande perseguição. Mas julgava preferível mobilizar seus talentos em prol da comunidade asilar em vez de fazer dele, na vida cotidiana, o equivalente do que ele persistia em ameaçar tornar-se: um Dolmancé ou um Bressac.

Aprovado com louvor na arte da clivagem, transformado em ator mártir, em diretor teatral e enfermeiro, Sade não se parecia em nada com os personagens de seus romances. Da mesma forma, continuava a negar ser o autor dos textos licenciosos, cuja redação não obstante empreendia, apesar das incessantes averiguações policiais de que era objeto. E, à medida que renegava a paternidade de suas outras obras, julgadas infames — sobretudo a saga de Justine e Juliette —,[51] apresentava-se como o dramaturgo mais virtuoso de seu tempo, escrevendo diversos espetáculos encenados no hospício por loucos e atores.

Sade atraía multidões para e contra si, desempenhando alternadamente, em seu foro íntimo e em sua dança com os loucos,

---

[51] Para provar efetivamente que não era o autor dessa saga, ele publicara sob seu nome, em 1800, uma coletânea de novelas, *Os crimes do amor*, na qual acumulava descrições de assassinatos, incestos e perversões, ao mesmo tempo em que denunciava a indignidade dos autores de tais crimes. Maneira de inverter a inversão da Lei, presente nos grandes romances anônimos, e não de fazer o vício ser detestado. Cf. Sade, *Os crimes do amor*, Porto Alegre, L&PM, 2000.

o papel de Juliette e o de Justine. Do fundo de sua reclusão, parodiava a nova ordem do mundo, dividido entre uma aspiração aos prazeres e a vontade de normalizar os infames, os perversos, os anormais. E era essa a razão pela qual os representantes da ciência médica burguesa desconfiavam da influência nefasta que aquele predador de uma outra época ainda corria o risco de exercer sobre a sociedade de sua época: "A libertinagem do homem pode se saciar com os internos, o problema é suas idéias poderem corrompê-los moralmente."[52]

O sucesso obtido por Sade com seu teatro dos loucos não podia, portanto, senão desagradar a todos os que o consideravam acima de tudo um criminoso. E foi este o motivo pelo qual, ao suceder Castaldy em 1805, Antoine Royer-Collard quis imediatamente dar cabo daquela experiência. Ex-partidário dos Bourbon, esse médico medíocre via Sade como um irrecuperável pervertedor.

Seu lugar não é no hospital, mas num presídio ou numa fortaleza. Sua loucura é perverter. A sociedade não pode ter esperanças de tratá-lo, deve submetê-lo à mais severa confinação. A liberdade de que ele goza em Charenton é demasiado grande. Pode comunicar-se com um número bastante grande de pessoas dos dois sexos ... . Prega sua horrível doutrina a alguns; empresta seus livros a outros.[53]

A estocada foi dada pelos próprios doentes, que, sem nenhum tipo de recurso, recusaram os benefícios terapêuticos daquela experiência teatral. Desacreditado pelos alienados, Sade permaneceu em Charenton e teve um último caso com a filha de uma enfermeira a quem ele iniciou na sodomia, ao mesmo

---

[52] Michel Delion, in Sade, *Œuvres*, vol.1, op.cit., p.xxxix.
[53] Ibid., p.xxxviii.

tempo em que lhe ensinava a ler e escrever. Após sua morte, o médico do hospício, adepto das teorias frenológicas de Franz Josef Gall,[54] afirmou que o crânio de Sade era em todos os aspectos semelhante ao de um padre da Igreja. Mas essa tese foi em seguida refutada pelo principal discípulo austríaco de Gall, que explicou, ao contrário, que a organização cerebral do marquês atestava seus vícios, sua depravação e seu ódio...[55]

Que a loucura de Sade tenha sido uma "loucura de perverter", isso não deixa mais dúvida. Porém, ao pronunciar esse diagnóstico, Royer-Collard fazia de Sade um caso de um novo gênero. Se o marquês não era um alienado de verdade, e se devia ser aprisionado numa fortaleza em vez de tratado num hospício, por que então falar de loucura? Percebemos aqui o problema que um caso desses colocava para a psiquiatria nascente: ou Sade era um alienado e devia ser tratado como os outros alienados, ou era um criminoso e devia ir para a prisão, ou não passava de um gênio do mal, autor de uma obra de uma transgressão inaudita, e era preciso deixá-lo livre para escrever e agir como lhe aprouvesse, o que era naturalmente política e moralmente impossível a despeito das novas leis de 1810.

Logo, é efetivamente porque não era nem louco, nem criminoso, nem palatável pela sociedade que Sade foi considerado um "caso" de novo gênero, isto é, um perverso — louco moral, semilouco, louco lúcido —, segundo a nova terminologia psiquiátrica. "Era inquestionavelmente um homem perverso teoricamente, mas em suma não era louco", dirá o ex-membro da Convenção Marc Antoine Baudot.

---

[54] Franz Josef Gall (1758-1828): médico austríaco, especialista em anatomia cerebral e inventor da cranioscopia (rebatizada como frenologia), que pretendia decifrar o caráter de um indivíduo a partir do exame das saliências e depressões de sua calota craniana.

[55] Cf. Maurice Lever, *Sade*, op.cit., p.659. Um molde do crânio de Sade encontra-se no Museu do Homem, em Paris.

Convinha julgá-lo por suas obras. Havia nelas germe de depravação, mas não de loucura; um trabalho desse tipo supunha um cérebro bem organizado, e a própria composição de seus livros exigia muita pesquisa sobre literatura antiga e moderna, tendo como objetivo demonstrar que as maiores depravações haviam sido autorizadas pelos gregos e romanos.[56]

A partir do primeiro quartel do século XIX, o nome de Sade repercutiu como um paradigma no cerne mesmo da definição de perversão, tanto de sua estrutura quanto de suas manifestações sexuais; uma definição que reportava o sujeito à finitude de um corpo fadado à morte e ao imaginário de uma psique emoldurada pelo real do gozo.

O que, a propósito, é atestado pela criação do neologismo "sadismo" em 1838. A palavra servirá de conceito primordial para os sexólogos, que lhe irão justapor uma outra, "masoquismo" — antes de Freud, sem ter lido a obra de Sade,[57] atribuir a esse binômio uma dimensão pulsional de caráter universal, bem além de qualquer referência a uma simples prática sexual: gozar com o sofrimento que nos infligimos infligindo-o ao outro e recebendo-o do outro. Quanto a Gilles Deleuze, grande leitor de Sade, cindirá os dois termos reunidos por Freud para fazer do masoquismo um mundo à parte, escapando a toda simbolização, um mundo repleto de horrores, castigos e contratos firmados entre carrascos e vítimas.[58]

---

[56] Marc Antoine Baudot, *Notes historiques sur la Convention nationale, le Directoire, l'Empire et l'exil des votants*, Paris, 1893, p.64.

[57] O Catálogo da biblioteca do Freud Museum de Londres indica que Freud interessava-se apenas pelo sadismo, tendo lido uma única biografia de Sade, a de Albert Eulenburg, publicada em 1901. Não possuía nenhuma das obras do marquês.

[58] Gilles Deleuze, *Apresentação de Sacher-Masoch*, com o texto integral de *A Vênus das peles*, op.cit.

74 A parte obscura de nós mesmos

Mas como não ver que esse mundo de Sacher-Masoch já estava presente na literatura sadiana, com uma força transgressiva muito maior?

Transformado num substantivo injurioso, o nome maldito de Sade igualmente serviria, ao longo de todo o século XIX, de referência para um princípio de estigmatização obscena da própria identidade do inimigo: inimigo de si, do outro, da nação. Assim, quando Barras, o mais corrupto dos homens de seu tempo, quis achincalhar a gloriosa imagem de um Napoleão heróico, chamou-o de "Sade da guerra e da política".[59] Impedido pela lei de se tornar um criminoso — e incessantemente atirado à prisão pelos diferentes poderes que então se sucederam —, Sade escreveu portanto uma obra inclassificável. Se não tivesse passado na prisão um terço de sua vida, provavelmente teria cumprido o itinerário de um sodomita, estuprador de prostitutas, sedutor de adolescentes, carrasco dos outros e vítima de si mesmo. Assim, podemos sugerir que ele só pôde criar a obra mais indefinível de toda a história da literatura — "inconveniência primordial", "Evangelho do mal", "monolito abissal", "subversão da divisão entre vício e virtude" —[60] porque se confrontou em vida com três regimes políticos, da Monarquia ao Império, que fizeram dele e dessa obra a parte mais obscura do que eles próprios estavam em vias de realizar.

---

[59] Após ter lido *Justine*, Napoleão assinou a contragosto, em 1810, o decreto que mantinha Sade recluso em Charenton. Cf. Maurice Lever, *Sade*, op.cit., 634-6. O nome de Marat teve um destino equivalente. Ele foi, para seus detratores, o emblema dos vícios da nação antes de servir para estigmatizar o judeu nos discursos anti-semitas oriundos de *La France juive*, de Édouard Drumont. Cf. Elisabeth Roudinesco e Henry Rousso, "Le juif Marat: antisémitisme et contre-Révolution (1886-1994)", *L'Infini* 27, 1989.

[60] Maurice Blanchot, *L'Inconvenance majeure*, op.cit. Annie Le Brun, *Soudain un bloc d'abîme, Sade*, Paris, Pauvert, 1986. Philippe Sollers, "Sade dans le texte", in *Logiques*, Paris, Seuil, 1968.

Portanto, é compreensível que Sade tenha sido visto pela posteridade ora como um precursor da sexologia, ora como um herdeiro do satanismo ou da tradição mística — o "divino marquês" —, ora, finalmente, como ancestral da abjeção nazista. Encarnação de todas as figuras possíveis da perversão, ele nunca cessará, após ter desafiado os reis, insultado a Deus e invertido a Lei, de ameaçar, a título póstumo e de maneira espectral, todos os representantes da biocracia em sua vã pretensão de querer domesticar o gozo do mal.

3 Iluminismo sombrio ou ciência bárbara?

"A sociedade burguesa do século XIX", dizia Michel Foucault,

> a nossa ainda, provavelmente, é uma sociedade da perversão explosiva e explodida .... É possível que o Ocidente não tenha sido capaz de inventar prazeres novos, e provavelmente não descobriu vícios inéditos. Mas definiu novas regras para o jogo dos poderes e dos prazeres: nele configurou-se a fisionomia rígida das perversões.[1]

Nada me parece mais correto que o enunciado desse ponto de vista. Com efeito, todos os historiadores colocaram a questão de saber se o século XIX havia contribuído para uma erotização das práticas sexuais ou se, ao contrário, beneficiara sua repressão. Ao examinarmos mais detidamente, percebemos que ambas as atitudes, longe de se oporem, são na realidade perfeitamente complementares. E é essa complementaridade mesma que permite compreender como os estigmas da perversão — se

---

[1] Michel Foucault, *La volonté de savoir*, Paris, Gallimard, 1976, p.64 [ed. bras.: *História da sexualidade*, vol.1: *A vontade de saber*, Rio de Janeiro, Graal, 2ª ed., 1979, p.47 e 48].

Iluminismo sombrio ou ciência bárbara? 77

não a própria perversão — puderam tornar-se um objeto de estudo após ter sido um objeto de horror.

A partir de 1810, o Código Penal francês, oriundo da Revolução e do Império, altera radicalmente a legislação sobre os costumes, a ponto de esta servir, em graus diversos e ao longo de todo o século, como modelo de referência para o conjunto dos países da Europa. O Código, aliás, inspira-se no movimento iluminista, nos princípios de Cesare Beccaria[2] e nos decretos votados pela Assembléia Legislativa em 1791. "Finalmente vocês verão desaparecer", dizia nessa data Michel Le Peletier de Saint-Fargeau, "essa profusão de crimes imaginários que engrossavam as antigas coletâneas de nossas leis. Nelas, não encontrarão mais aqueles grandes crimes de heresia, de lesamajestade divina, de sortilégio e de magia, pelos quais, em nome do céu, tanto sangue sujou a terra."[3]

Nessa perspectiva, todas as práticas sexuais são laicizadas e nenhuma delas mais constitui objeto de delito ou crime desde que exercidas em privado e consentidas por parceiros adultos. A lei intervém apenas para proteger os menores, punir o escândalo — isto é, os "ultrajes" cometidos nas vias públicas — e condenar os abusos e violências perpetrados sobre personagens não consentâneos.[4] Apenas o adultério é reprimido pelo Código Penal, na medida em que ameaça introduzir um vício nos laços de filiação: uma vez que o pai é sempre incerto (*incertus*), convém evitar a qualquer preço que uma mulher infiel possa fazer o esposo assumir a paternidade de um filho que não tivesse nascido

---

[2] Cesare Beccaria (1738-94): jurista italiano, próximo dos enciclopedistas e autor de um célebre livro, *Tratado dos delitos e das penas* (1764), no qual lança as bases da reflexão moderna sobre o direito penal. Foi um abolicionista [da pena de morte] convicto.

[3] Cf. Jean-Baptiste Jeangène Vilmer, *Sade moraliste*, op.cit., p.98.

[4] A mutilação foi entretanto reintroduzida para os parricidas (ablação do punho), bem como a marcação a ferro.

de seu sêmen. Quanto aos textos ditos pornográficos, licenciosos, eróticos, lúbricos ou imorais, permanecem sob o alcance da lei como "ofensivos à moral pública".[5] Sejam de que natureza for, as práticas sexuais entre adultos consentâneos não são mais passíveis da justiça penal, ao passo que, justamente, os textos que as divulgam são severamente reprimidos.

Como conseqüência, as singularidades sexuais julgadas mais perversas — bestialidade, sodomia, inversão, fetichismo, felação, flagelação, masturbação, violências consentidas etc. — não constituem mais objeto de nenhuma condenação, uma vez que a lei não se intromete mais na maneira como os cidadãos tencionam alcançar o orgasmo na intimidade de suas vidas. Esvaziadas de seu furor pornográfico, são então rebatizadas ao sabor de uma terminologia sofisticada. Na literatura médica do século XIX, não se fala mais de foder, de cu, de xoxota, nem das diferentes maneiras de tocar punheta, fornicar, enrabar, comer merda, chupar, mijar, cagar etc. Inventa-se, para descrever uma sexualidade dita "patológica", uma lista impressionante de termos eruditos derivados do grego.[6] E, inclusive com freqüência, para dissimular a eventual crueza da qualificação de um ato, fala-se latim.

Quanto aos burgueses — da Restauração ao Segundo Império —, poderão entregar-se clandestinamente a seu desejo de libertinagem, a seus prazeres e vícios, com a condição todavia de censurar sua prática em nome da moral pública e de respei-

---

[5] Como atestam os processos intentados contra Baudelaire e Flaubert em 1857 pelo Ministério Público (por *As flores do mal* e *Madame Bovary*). Será preciso esperar a segunda metade do século XX, na esteira de um novo processo intentado contra o editor Jean-Jacques Pauvert, para que a obra de Sade seja finalmente publicada. Cf. Emmanuel Pierrat, *Le sexe et la loi*, Paris, La Musardine, 2002.

[6] Zoofilia, necrofilia, exibicionismo, pedofilia, coprofagia, travestismo, voyeurismo, onanismo, sadismo, masoquismo etc. A lista de todas essas práticas é por definição ilimitada. O *Dictionnaire des fantasmes, perversions et autres pratiques de l'amour*, op.cit., abrange 500 entradas de verbete e 100 ilustrações.

tar, no seio da família, as leis da procriação, necessárias à perpetuação da humanidade.

Ao negar ao magistrado qualquer controle sobre a sexualidade privada, a sociedade astuciosa e puritana é então efetivamente obrigada a inventar novas regras que lhe permitam condenar as perversões sexuais pelas quais é aficcionada, no recôndito das casas fechadas, sem com isso atirar à fogueira o "povo dos perversos". Ocorre-lhe, assim, efetuar uma distinção drástica entre os bons perversos e os maus perversos, entre aqueles a serem considerados oriundos de uma "classe perigosa" ou de uma "raça maldita" — ambas fadadas ao opróbrio e à erradicação — e aqueles julgados recuperáveis, tratáveis, capazes de alcançar um alto grau de civilização.

Nesse contexto, o discurso positivista da medicina mental propõe à burguesia triunfante a moral com que nunca deixou de sonhar: uma moral de segurança modelada pela ciência e não mais pela religião.[7] Duas disciplinas derivadas da psiquiatria, a sexologia e a criminologia, recebem aliás a missão de esmiuçar os aspectos mais sombrios da alma humana.

No fim do século XIX, com o advento da medicina científica herdada de Xavier Bichat, depois de Claude Bernard, surge dessa forma toda uma nomenclatura, cuja herdeira será

---

[7] A esse respeito, o melhor estudo é o de Georges Lanteri-Laura, *Lecture des perversions: histoire de leur appropriation médicale*, Paris, Masson, col. La sphère psychique, 1979 [ed. bras.: *Leitura das perversões: história de sua apropriação médica*, Rio de Janeiro, Zahar, esgotado]. O primeiro uso médico da palavra "perversão" aparece em 1842 no *Oxford English Dictionary*, Oxford, Clarendon Press, 1933, vol.7, p.732. Na França, nasce sob a pena do psiquiatra Claude-François Michéa (1815-82), em 1849, no relato que ele faz do caso do sargento Bertrand, exposto pelo psiquiatra francês Ludger Lunier (1822-85). Acusado de ter violado e mutilado cadáveres de mulheres, esse suboficial fora condenado tão-somente por violação de sepultura. Lunier protestara contra essa sentença, censurando os magistrados por não terem visto o aspecto sexual desse ato. O uso da palavra "perversão" irá impor-se mais tarde em todas as línguas européias.

80   A parte obscura de nós mesmos

a psicanálise. Inteiramente dessacralizada, a perversão, nunca definida como tal, torna-se o nome genérico de todas as anomalias sexuais: não se fala mais *da* perversão, mas *das* perversões, necessariamente sexuais. E ao mesmo tempo, recorrendo a uma classificação técnica para designar as anomalias e as periculosidades do comportamento humano, o status das pessoas concernidas é radicalmente transformado: com efeito, o perverso é desumanizado para se tornar objeto de ciência.[8]

Essa supressão, no discurso sexológico, de toda e qualquer definição *da* perversão enquanto gozo do mal, perversidade, erotização do ódio, abjeção do corpo ou sublimação da pulsão, é, como se não bastasse, acompanhada de uma supressão do nome de Sade em prol do substantivo "sadismo". Dessa forma, durante todo o século, a obra do "divino marquês" será interditada à venda[9] e seu nome mil vezes amaldiçoado.

E são então os escritores que resgatam por conta própria — de Flaubert a Huysmans, passando por Baudelaire e Maupassant —[10] o antigo vocabulário licencioso rechaçado pela ciência, a fim de melhor celebrar, contra uma burguesia odiada e uma sexologia julgada grotesca, as novas potências do mal: as cortesãs, os bordéis, a pornografia, a sífilis, os paraísos artificiais, o *spleen*, o exotismo, a mística. Por conseguinte, Sade torna-se para esses escritores o *herói subterrâneo* de uma consciência do mal capaz de subverter a nova ordem moral. Sob o nome de Sade, é assim sublimada a própria palavra perversão enquanto parte obscura de nós mesmos, no momento em que é escorraçada do catálogo da medicina mental. "Sade é o

---

[8] "O sodomita era um relapso", dirá Foucault, "e o homossexual uma espécie" (*A vontade de saber*, op.cit.). C.-F. Michéa, "Des déviations maladives de l'appétit vénérien", *Union Médicale*, 17 jul 1849.
[9] Em virtude da lei que condena os ultrajes aos bons costumes e à religião.
[10] Pode-se fazer uma constatação idêntica a respeito de outros escritores: Proust, Edgar Allan Poe, Dostoiévski etc. E, naturalmente, Oscar Wilde.

Iluminismo sombrio ou ciência bárbara?   81

autor invisível (não tem rosto) e onipresente", escreve Yvan
Leclerc, "ilegível, inacessível (Baudelaire pergunta a Poulet-
Malassis onde pode comprar um exemplar de *Justine*), inomi-
nável (Flaubert o chama de O Divino Marquês ou O Velho).
Seus livros são passados de mestre a discípulo como se fossem
uma herança."[11]

Com a generalização da noção de homossexualidade,[12] desaparece a idéia de uma qualificação fundamentada na desi-
gualdade entre os parceiros ou na especificidade do ato sexual.
O homossexual da medicina psiquiátrica não é mais definido
como um homem necessário à pólis na medida em que inicia
os efebos nos prazeres viris, nem como um sodomita maldito
ou um invertido[13] que deturpa as leis da natureza. Catalogado

---

[11] Yvan Leclerc, "Les enfants de Sade", *Le Magazine Littéraire* 371, dez 1998,
p.44-7.

[12] Homossexualidade: termo criado em 1869 pelo médico húngaro Karoly
Maria Kertbeny (1824-82) para designar todas as formas de amor carnal entre pessoas do mesmo sexo biológico. Entre 1870 e 1910, o termo se impôs,
substituindo assim as antigas denominações (sodomia, inversão, uranismo,
pederastia, safismo, lesbianismo). Faz então par com a palavra "heterossexualidade", forjada em 1880.

[13] É Proust quem retoma, contra a medicina mental e quase para ridicularizá-la, o termo "invertido" no lugar de homossexualidade para definir os
adeptos da sodomia como uma "raça maldita", uma "raça de tias". Projeta
sobre as raparigas em flor os aspectos mais deliciosos de uma homossexualidade adolescente, reservando para os homens de idade madura o qualifica-
tivo de "raça maldita", ainda que os dois citados — Sodoma e Gomorra —
se juntem na maldição. O barão de Charlus é seu protótipo: refinado, feminino, arrogante, soberbo, mas também cruel e semilouco, dissimulando
seu vício, escoltado por malfeitores e mendigos, explorado por Morel e se
fazendo flagelar no bordel de Jupien. Na *Recherche*, apenas os judeus e os
invertidos formam, aos olhos de Proust, que é um deles, o povo dos perversos, um povo eleito, capaz do mais alto grau de civilização, mas também
um povo danado. Cf. *Sodoma e Gomorra*, op.cit.; Antoine Compagnon, "Ce
frémissement d'un cœur à qui on fait mal", in *L'Amour de la haine*, Paris,
Gallimard, col. Folio, 2001; e George Painter, *Marcel Proust*, Rio de Janeiro,
Guanabara, 1990.

segundo sua preferência, ele só se torna perverso porque escolhe seu semelhante como objeto de prazer.

Portanto, não são mais nem a hierarquia entre as criaturas nem um ato contra a natureza que permitem definir a nova homossexualidade, mas a transgressão de uma diferença e de uma alteridade concebidas como emblemas de uma ordem natural do mundo decodificada pela ciência. É perverso — e portanto patológico — aquele que escolhe como objeto o mesmo que ele (o homossexual), ou ainda a parte ou o desejo de um corpo que remete ao seu próprio (o fetichista, o coprófilo). São igualmente definidos como perversos aqueles que possuem ou penetram por efração o corpo do outro sem seu consentimento (o estuprador, o pedófilo), os que destroem ou devoram ritualmente seus corpos ou o de um outro (o sádico, o masoquista, o antropófago, o autófago, o necrófago, o necrófilo, o escarificador, o autor de mutilações), os que travestem seus corpos ou sua identidade (o travesti), os que exibem ou apreendem o corpo como objeto de prazer (o exibicionista, o voyeurista, o narcísico, o adepto do auto-erotismo). É perverso, enfim, aquele que desafia a barreira das espécies (o zoófilo), nega as leis da filiação e da consangüinidade (o incestuoso) ou ainda contraria a lei da conservação da espécie (o onanista).

É em torno dos dois grandes princípios da semiologia (descrição dos símbolos) e da taxonomia (classificação das entidades) que se desenvolve, ruidosamente e ao longo de todo o século, a fascinação da elite no poder pelo rastreamento, a mensuração, a identificação e o controle de todas as práticas sexuais, das mais normais às mais patológicas. O objetivo confesso é dar um fundamento antropológico ao sexo e ao crime sexual e fundar uma separação radical entre uma sexualidade considerada "normal", na qual devem encontrar sua base a saúde, a procriação e a restrição do prazer, e uma sexualidade considerada "perversa", que se situa ao lado da esterilidade, da morte, da doença, da inutilidade e do gozo.[14]

Provavelmente a vontade de descrever o vício para melhor marginalizá-lo nunca foi tão afirmada, antes da nossa época, quanto nesse momento, quando o mundo europeu oriundo da Revolução oscilava entre um ardoroso desejo de retorno à antiga soberania monárquica e uma incrível atração por sua abolição definitiva. E é precisamente entre a adesão ao Iluminismo e a inclinação pelos antiiluministas que convém situar a nova ciência do sexo em suas múltiplas facetas. Ciência do horror, depois ciência da norma, ela se inverterá em seguida numa ciência criminal. Pensador do Iluminismo sombrio, Freud não será herdeiro dessa ciência da norma senão para contestar todos os seus fundamentos.

Diversas tendências opunham entre si os grandes pioneiros da sexologia.[15] Uns viam nas perversões um fenômeno natural presente no reino animal e resultante de uma organização biológica ou fisiológica particular; outros enfatizavam, ao contrário, que as perversões eram adquiridas, específicas da humanidade e, por esse motivo, presentes em todas as culturas sob formas diversas. Outros, enfim, sustentavam que elas resultavam de uma depravação contrária à ordem natural do mundo e, portanto, de uma patologia de origem hereditária — loucura lúcida, mania sem delírio, semiloucura, desvio do instinto — transmitida na infância através da má educação. Por outro la-

---

[14] Cf. Georges Lanteri-Laura, *Lecture des perversions*, op.cit., p.39.

[15] Johann Ludwig Casper (1787-1864), Albert Moll (1862-1939), Iwan Bloch (1872-1922), Havelock Ellis (1859-1939), Alfred Binet (1857-1911), Richard von Krafft-Ebing (1840-1902), Carl Heinrich Ulrichs (1826-95), Carl Westphal (1833-90), Magnus Hirschfeld (1868-1935), Cesare Lombroso (1836-1909). Numerosos estudos lhes foram dedicados. Cf. em especial Frank J. Sulloway, *Freud, Biologist of Mind*, Nova York, Burnett Books, 1979.

do fossem quais fossem suas orientações, todos os artífices dessa abordagem consideravam que os perversos sofriam com suas perversões, devendo ser tratados e reeducados, e não apenas penalizados.

Assim se repetia, sob outra forma, o debate que já dividira os diferentes paladinos da filosofia das Luzes: o mal vem da natureza ou da cultura? Ora, enquanto os homens do Iluminismo haviam desistido de dividir o mundo entre uma humanidade sem Deus e uma humanidade consciente de sua espiritualidade para estudar o fato humano em sua diversidade e seu possível progresso — de um estado selvagem para um estado de civilização —, os cientistas da segunda metade do século XIX impuseram uma definição, oriunda da teoria da evolução, completamente diferente da natureza. A seus olhos, o estado de natureza era nada mais nada menos que o do reino da animalidade primordial do homem. "Não há diferença alguma entre o homem", dissera Darwin, "e os mamíferos mais elevados."[16]

Se, para Freud, a humanidade vira-se infligir, por parte de Darwin, a segunda de suas grandes feridas narcísicas,[17] aos olhos da comunidade dos cientistas esse novo paradigma significava claramente que, se o animal, inferior ao homem, o precedera no tempo, o homem civilizado conservara em graus diversos — tanto em sua organização corporal como em suas faculdades mentais e morais — o traço indelével dessa inferioridade e dessa anterioridade. Em seu foro íntimo, o animal humano podia então transformar-se, a qualquer momento, numa besta humana.

---

[16] Charles Darwin, *A origem das espécies* (Londres, 1859), Rio de Janeiro, Ediouro, 2004; *A origem do homem e a seleção sexual* (Londres, 1871), Rio de Janeiro, Hemus, 2004.

[17] Sigmund Freud, "Uma dificuldade no caminho da psicanálise" (1917), in *ESB*, vol.17. Cf. Lucille B. Ritvo, *A influência de Darwin sobre Freud* (Paris, 1992), Rio de Janeiro, Imago, 1992.

Foi mediante essa modificação do olhar dirigido à natureza que o paradigma darwiniano da animalidade ingressou no discurso da medicina mental. Com isso, o perverso não será mais designado como aquele que desafia Deus ou a ordem natural do mundo — os animais, os homens, o universo —, e sim como aquele cujo instinto traduz a presença, no homem, de uma bestialidade originária, despida de qualquer forma de civilização.

Da publicação em 1871 de *Drácula*, um romance em que Bram Stoker[18] revivia a lenda dos vampiros, à exposição do médico inglês Frederick Treves, em 1885, do famoso caso de John Merrick (*O homem-elefante*), pode-se pensar a que ponto o imaginário da monstruosidade animalesca foi a fonte de todos os tipos de fantasia sobre a possível travessia da barreira das espécies. De um lado, terror, face ao horror suscitado por um bebedor de sangue, senhor dos ratos, dos morcegos e das sepulturas, surgido da noite dos tempos; de outro, compaixão pelo tratamento desumano infligido a um anormal que conseguirá, graças à ciência médica, passar do asco de si mesmo à interiorização sublimada de sua bestialidade.[19]

Richard von Krafft-Ebing, médico austríaco contemporâneo de Freud, efetua a síntese mais rigorosa de todas as correntes da sexologia numa obra célebre, *Psychopathia sexualis*,[20] que será sucessivamente reeditada. Nela, define os perversos como

---

[18] Bram Stoker, *Drácula* (1871), Porto Alegre, L&PM, 1998.

[19] Cf. David Lynch, *O homem-elefante*, filme americano, 1980, com John Hurt (John Merrick) e Anthony Hopkins (Frederick Treves). Cf. também Arnold Davidson, *L'Émergence de la sexualité* (2001), Paris, Albin Michel, 2005, em especial o capítulo "L'Horreur des monstres".

[20] Richard von Krafft-Ebing, *Psychopathia sexualis: étude médico-légale à l'usage des médecins et des juristes* (Stuttgart, 1886), 16ª e 17ª edições alemãs fundidas por Albert Moll (Berlim, 1923; Paris, 1931), Payot, 1969, prefácio de Pierre Janet; ed. bras.: *Psycopathia sexualis: as histórias de caso* (São Paulo, Martins Fontes, 2001).

"filhos da natureza oriundos de um primeiro leito", considerando-os criaturas mentalmente doentes, com a vivência sexual "invertida", verdadeiro triunfo da animalidade sobre a civilização. Dessa forma, apela à clemência dos homens, aliás convencido de que as investigações da ciência um dia viriam a permitir restaurar a honra desses desafortunados a fim de evitar que fossem vítimas do preconceito da ignorância.

Krafft-Ebing conduz o leitor pela imensidão de uma espécie de inferno existencial onde se cruzam os representantes[21] de todas as classes da sociedade: idiotas das cidades e dos campos exibindo seus órgãos ou penetrando os animais por todas as cavidades possíveis, professores universitários fantasiados com corpetes ou calçados femininos, homens da alta sociedade adeptos dos cemitérios, travestis em busca de disfarces e andrajos, pais tranqüilos estupradores e aliciadores à procura de crianças ou moribundos, ministros do culto proferindo blasfêmias ou se entregando à prostituição etc.

Desse vasto conjunto de vidas paralelas e infames, das quais coleta todas as metamorfoses, o psiquiatra faz um quadro sórdido, misturando compaixão à ridicularização. Nunca os personagens por ele descritos são remetidos a uma história qualquer, íntima ou coletiva. Aliás, eles não têm nem genealogia nem anterioridade, e seu desvio não tem outra causalidade senão aquela que a ciência lhes atribui. Trata-se de uma coleção de coisas reduzidas à insignificância:

Fetichismo dos anéis. X..., 19 anos, filho de um pai neuropata, e, não obstante, de família plenamente saudável, tem um crânio raquítico, é nervoso desde a infância e neurastênico desde a puberdade ... . Aos 11 anos, teve despertado um interesse pelos anéis e exclusivamente pelos anéis de ouro grandes e

---

[21] No total, 447 casos.

Iluminismo sombrio ou ciência bárbara? 87

maciços ... . Quando enfia no dedo um anel apropriado, é tomado por um espasmo e ejacula etc.[22]

Ao ler um livro desses, não podemos nos impedir de pensar que as terríveis confissões assim coletadas descrevem atos tão perversos quanto o discurso que pretende classificá-los. Entre os diferentes catálogos das perversões redigidos na seqüência pelos próprios perversos, ciosos de se afirmarem como uma comunidade de eleitos, e as sínteses descritivas efetuadas pelos representantes da medicina mental, não há diferença alguma: não se tornaram eles — atores e voyeurs —, ao longo do tempo e em nome de uma sexologia cada vez mais disseminada, peritos numa poderosa vontade de domesticação do furor sexual?

Misturadas todas as tendências, os sexólogos do século XIX apaixonam-se então pela classificação das perversões, embora se interessando também pelo sofrimento dos perversos, por suas confissões e suas práticas. Ao fazê-lo, porém, percebem que à homossexualidade não pode ser atribuída, no discurso da ciência, o mesmo status das outras perversões. Com efeito, se a descrição das perversões sexuais efetua-se sob os auspícios do grotesco, do monstruoso, da compaixão, a da homossexualidade assume aspecto bem diferente. Portanto, a questão de sua definição divide cada vez mais os psiquiatras na medida em que todos eles concordam ao apontar sua ocorrência entre os maiores homens que a civilização já produziu: Sócrates, Alexandre o Grande, Shakespeare, Michelangelo, Leonardo da Vinci, o papa Júlio II, Henrique III, Cambacérès etc. Da mesma forma, a homossexualidade torna-se, ao longo de todo esse século da ciência, uma perversão à parte, ou, antes, a parte mais obscura da perversão.

Para os sexólogos progressistas — Ulrichs, Westphal, Hirschfeld — partidários de sua emancipação, ela não passa de uma

---

[22] Richard von Krafft-Ebing, *Psychopathia sexualis*, op.cit. p.381.

88 A parte obscura de nós mesmos

orientação sexual entre outras, decorrente da natureza: alma de mulher em um cérebro de homem, cérebro de mulher em um corpo de homem.[23] Convém então normalizá-la em nome de uma nova ordem biológica. Para os outros, ao contrário, continua a ser a pior das perversões, uma vez que não se manifesta por nenhum sinal clínico visível: o homossexual, com efeito, não precisa nem de um fetiche particular, nem de um traço corporal, nem de uma mutilação, nem de uma anomalia de comportamento para amar uma pessoa do mesmo sexo. Em suma, não é um doente. Dessa forma, é *ontologicamente perverso*, uma vez que ridiculariza as leis da procriação enfeitando-se com os sinais mais flamejantes da arte e da criatividade humana. Nesse aspecto, deve então ser designado como o perverso da civilização, como aquele que encarna a essência da perversão — um novo Sade —, enquanto os demais perversos não passam de doentes acometidos por alguma patologia.

E como, nessa época, o corpo está em vias de se tornar a única testemunha à qual o médico pode recorrer para rastrear o vestígio de um mal que se nega a confessar-se como tal, é preciso, portanto, para definir a homossexualidade como uma patologia sexual, examinar escrupulosamente as cavidades corporais pelas quais ela propaga seu veneno. Apoiadas no discurso tanto jurídico como da medicina, as autoridades chegarão ao ponto de perseguir os invertidos em seus locais de devassidão. Dessa forma, pegos em flagrante delito e periciados, seus corpos revelarão à ciência e à sociedade o vício dissimulado. Em outras palavras, para desmascarar o homossexual o discurso médico-legal vai empenhar-se em confundilo com um travesti, um pornógrafo, um prostituto, um feti-

---

[23] Sobre as diferentes denominações da homossexualidade (invertidos, uranianos, terceiro sexo etc.), cf. Laure Murat, *La loi du genre: une histoire culturelle du troisième sexe*, Paris, col. Histoire de la Pensée, 2006.

chista, em suma, com um perverso sexual alienado, delituoso ou criminoso.

O célebre médico francês Ambroise Tardieu foi provavelmente o representante mais perverso desse discurso positivista da medicina mental, que teve como objetivo confesso descrever ao infinito os danos de uma sexualidade dita "desviante", de que o Estado democrático queria se proteger.

Em seu *Estudo médico-legal sobre os atentados aos costumes*,[24] ele descreve os indícios fétidos da depravação pederástica com a minúcia de um entomologista: desenvolvimento excessivo das nádegas, largas e protuberantes, deformação do ânus em funil, relaxamento do esfíncter, dilatação extrema do orifício anal, pênis franzino ou volumoso, com a glande minguando à maneira de um focinho de cachorro, boca enviesada, dentes curtos, lábios grossos. Estas são a seus olhos as anomalias detectadas nos corpos desses perversos dissimulados.

> Será de fato um homem? Seus cabelos divididos ao meio caem em suas faces como os de uma moça vaidosa … . Tem os olhos lânguidos, a boca em forma de coração, ginga as cadeiras como um dançarino espanhol e quando o detivemos tinha no bolso um pote de ruge. Junta as mãos com ar hipócrita e faz caras que seriam cômicas, não fossem revoltantes.[25]

Nesse discurso de inspiração higienista já se desvela o princípio no qual irá repousar toda a nomenclatura de uma ciência criminal que permitirá distinguir uma pretensa "boa" raça de uma outra julgada "ruim". E com isso, assim como as raças ditas "inferiores", o povo dos perversos será estigmatizado. En-

---

[24] Reeditado sob o título *Les attentats aux mœurs* (1857), Paris, Jérôme Millon, 1995, prefácio de Georges Vigarello.
[25] Ibid., p.130.

90 A parte obscura de nós mesmos

tre eles, o homossexual, o maior dos perversos, biologicamente perverso.

O homossexual era estigmatizado no século XIX apenas se pretendesse viver de acordo com seu vício e escapando às leis da procriação. Da mesma forma, o adepto do sexo solitário. Em ambos os casos — inversão e onanismo —, aquele que a isto se entregava de maneira exclusiva lançava um desafio à ordem familiar. Assim, da mesma forma que se perseguiam os homossexuais, quis-se preservar os filhos do prazer solitário, por medo de vê-los tornarem-se estéreis ou invertidos.

No vasto catálogo das perversões, a criança encontrava portanto seu lugar, deixando de ser assimilada, como antigamente, ora a uma alma inocente, ora a um simples objeto de gozo. Agora uma criatura peculiarmente sexuada, parecia habitada, antes mesmo de Freud a designar como "perverso polimorfo",[26] por um auto-erotismo ilimitado: a meio caminho entre o homem do futuro e o selvagem ainda aparentado a atitudes simiescas.

Foi sobre esse território da infância, ainda presumido virgem dos danos de uma educação, mas já suspeito de ser pervertido, que se debruçaram os representantes da ciência médica. Começaram por definir uma nova categoria patológica, a loucura infantil, cuja gênese quiseram em seguida compreender a fim de adotarem um tratamento capaz de erradicá-la. Constatando que uma criança podia nascer, se não louca, pelo menos perversa, não demoraram a deduzir que essa loucura peculiar manifestava-se por uma prática sexual específica — a masturbação — cujos danos haviam ignorado até então. Logo, confiantes no progresso da arte cirúrgica, em plena expansão, pre-

---

[26] Sigmund Freud, *Três ensaios sobre a teoria da sexualidade* (1905), in *ESB*, vol.7.

Iluminismo sombrio ou ciência bárbara? 91

conizaram um remédio preventivo para essa patologia de que eram os inventores: excisão ou cauterização do clitóris para as meninas, circuncisão para os meninos.

Decerto observara-se havia muito tempo que uma criança podia ser louca ou semilouca, mas a regra em psiquiatria era afirmar que uma verdadeira alienação mental só podia produzir-se após a puberdade. "A criança pode, naturalmente, ser imbecil, mas nunca louca", escrevera Friedrich August Carus em 1808, fazendo eco à famosa declaração de Esquirol, três anos antes: "A infância está ao abrigo dessa terrível doença."

Para pensar a loucura da criança, era preciso, diziam, concebê-la como uma doença do cérebro. Assim, perpetuava-se a idéia de que a infância podia ser imune a qualquer traço de doença psíquica. Mas as coisas tampouco eram simples, na medida em que, para o discurso psiquiátrico, o louco continuava a ser comparado a uma criança, isto é, a uma criatura não responsável pelos próprios atos.[27]

Por conseguinte, embora não pudesse ser declarada louca, a criança podia muito bem ser designada como perversa, isto é, semilouca. Assim, a noção de inocência infantil podia ser atacada sistematicamente pelo saber psiquiátrico, em proveito de diversas teses contraditórias. Podia-se, por exemplo, na perspectiva do darwinismo, pensar que a criança, nascida sem humanidade, carregava em si, em seu corpo e em seus órgãos genitais, os vestígios de uma animalidade ainda não superada. Mas também era possível considerar que, se a criança era perversa, isso provinha de sua alma — e logo de um vício característico da própria humanidade.

---

[27] Sobre todas essas questões, é interessante consultar o livro de Carlo Bonomi, *Sulla soglia della psicoanalisi. Freud e la foglia infantile*, Turim, Bollati-Boringhieri, 2007. Reproduzo aqui alguns elementos do prefácio que redigi para esta obra.

Foi então que a masturbação começou a ser vista como a causa principal de certos delírios que se manifestavam não apenas nas crianças, mas também, mais tardiamente, em todos os sujeitos ditos histéricos ou semiloucos, uns e outros sendo apontados como doentes sexuais: os primeiros, porque se entregavam à prática do sexo solitário, os outros — mulheres sobretudo — porque haviam vivenciado, em sua infância, traumas sexuais idênticos àqueles induzidos pelo onanismo (abuso, sedução, estupro etc.).

Antes de Freud apoderar-se da questão, a mulher histérica era, dessa forma, considerada uma figura perversa na medida em que, pela loucura que tomava seu corpo, ela se excluía da ordem procriadora. Por sua beleza convulsiva, nas palavras de André Breton, ela sinalizava a que ponto a sexualidade feminina — ou melhor, o sexo das mulheres — podia tornar-se o pivô de todos os excessos.

Conhecida desde sempre, e sempre reprovada na medida em que alheia à procriação, a masturbação só veio a se tornar um objeto de terror no Ocidente a partir do início do século XVIII, quando um médico inglês, cirurgião e pornógrafo, publicou em 1712 um livro intitulado *Onania*, com o qual pretendia combater essa

prática antinatural pela qual pessoas de ambos os sexos podem conspurcar seus corpos sem a colaboração de outrem. Entregando-se à sua imunda imaginação, ela tenta imitar e se proporcionar por si mesma a sensação que Deus zelou para que acompanhasse a relação carnal dos dois sexos para a perpetuação da nossa espécie.[28]

---

[28] Citado por Thomas Laqueur, *Solitary Sex: a Cultural History of Masturbation*, Nova York, Zone Books, 2003.

O termo "onanismo" era extraído de um episódio da Bíblia. Onan, como sabemos, recusara-se a engendrar filhos no corpo da esposa de seu irmão defunto como lhe impunha a lei dita do Levirato. Segundo essa lei, o caçula de uma família tinha o dever de gerar uma descendência no lugar de seu irmão morto, tornando-se assim tutor de seus próprios filhos biológicos considerados, não obstante, como não sendo seus, uma vez que o irmão primogênito permanecia seu pai, para além da morte. Rebelde a essa lei, Onan desafiara a Deus espalhando seu sêmen fora do corpo da esposa que lhe haviam atribuído. Foi, assim, punido com a morte. Como vemos, não se tratava, em seu caso, de uma prática masturbatória visando um prazer solitário. Entretanto, a palavra "onanismo" impôs-se como a denominação científica de uma prática malsã ou perversa, isto é, como um vício e um desafio lançado à soberania divina.

Médico iluminista, Samuel Auguste David Tissot retomou essa temática e publicou em 1760 um livro fadado a causar sensação durante mais de um século: *O onanismo: dissertação sobre as doenças produzidas pela masturbação*.[29] Persuadido de que essa prática acarretava doenças orgânicas mais graves que a varíola, em que era eminente especialista, Tissot contribuiu para transformar a masturbação numa droga ou numa prostituição de si contra a qual a medicina científica devia lutar como lutamos contra o flagelo da peste ou do cólera. Eis a descrição que deu dessa nova doença, a respeito de um agonizante acometido, dizia ele, por uma loucura da masturbação:

> Eu encontrava menos um ser vivo que um cadáver jazendo na enxerga, magro, pálido, sujo, exalando um cheiro infecto ... . Perdia freqüentemente pelo nariz um sangue pálido e aquoso, uma baba saía continuamente de sua boca ... . O fluxo do sê-

---

[29] A obra seria traduzida em 60 línguas, e 35 vezes reeditada até 1905.

men era contínuo. Seus olhos remelentos, difusos, apagados, não tinham mais a faculdade de se mover .... A desordem do espírito não era menor, sem idéias, sem memória, incapaz de ligar duas frases, sem reflexão, sem preocupação com a própria sorte .... Difícil admitir que ele já pertencera um dia à espécie humana. Morreu com edemas por todo o corpo.[30]

Foi assim que começou a se instaurar, em nome do Iluminismo, a idéia de que os Estados modernos tinham o dever de governar o conjunto das práticas sexuais separando a norma da patologia, da mesma forma que antes a religião se aferrara a distinguir o vício da virtude. Polícia dos corpos e biocracia: este foi, ao longo de todo o século XIX, o programa estabelecido por uma burguesia triunfante preocupada em impor à sociedade uma nova moral sexual fundada na primazia da família dita sentimental ou romântica: felicidade das mulheres no casamento e na maternidade, apologia do pai como *pater familias*, protetor dos filhos.

A idéia da periculosidade da masturbação já está presente em Jean-Jacques Rousseau. Não apenas no *Émile* (1862) — "Se ele conhecesse esse perigoso suplemento", adverte uma célebre passagem —, mas também nas *Confissões*, publicadas a título póstumo em 1780:

Eu sentira o progresso dos anos; meu temperamento inquieto finalmente se declarara, e sua primeira erupção, bastante involuntária, fizera soar em mim, acerca da minha saúde, alarmes que descreviam melhor que qualquer outra coisa a inocência em que eu vivera até então. Logo resserenado, aprendi esse perigoso suplemento que engana a natureza e alivia os

---

[30] *Dictionnaire des fantasmes, perversions et autres pratiques de l'amour*, op.cit., p.252.

Iluminismo sombrio ou ciência bárbara? 95

jovens de temperamento igual ao meu de muitos distúrbios à custa de sua saúde, de seu vigor e, às vezes, de sua vida.[31]

Designada no século XVIII como um "perigoso suplemento", a masturbação continuou a ser vista, um século mais tarde, ao lado da homossexualidade, como a maior das perversões: uma exposição perigosa à loucura e à morte. Em suma, como uma perda de substância que visava a "suprir" a natureza, agir em seu lugar,[32] impor uma cultura do sexo rompida com a ordem natural do mundo vivo. Como conseqüência disso, diziam, o homem é o único responsável pela sedução que ele opera sobre si mesmo com sua mania do auto-erotismo.

Por volta de 1880, o terror inspirado por esse perigoso suplemento abrira caminho, em especial na França e na Alemanha, para uma prática delirante da medicina, mais preocupada em erradicar os danos do flagelo imaginário do que em interrogar-se sobre a veracidade das hipóteses de Tissot e seus êmulos. Da mesma forma, haviam inventado todo tipo de terapêuticas para acabar com a peste onanista: cintos antimasturbatórios, estojos para inibir a ereção, dispositivos para abrir as pernas das menininhas, injunções e ameaças de castração, mãos algemadas, processo contra as amas-de-leite acusadas de sevícias — e, por fim, intervenções cirúrgicas nos ovários, no clitóris, no pênis.

Porém, para aplicar esses tratamentos e proferir essas ameaças, ainda era preciso apresentar a prova da excitação sexual. Começou-se então, no seio das famílias, elas próprias sob a influência do discurso médico, a rastrear sistematicamente os traços da infame prática. Examinou-se à lupa cada inflamação

---

[31] Jean-Jacques Rousseau, *Les confessions* (1780), *Œuvres complètes*, t.1, Paris, Gallimard, col. Bibliothèque de la Pléiade, 1959, p.108-9.
[32] Cf. Jacques Derrida, "Esse perigoso suplemento", in *Gramatologia* (Paris, 1967), São Paulo, Perspectiva, 2ª ed. 2004.

das partes genitais, cada inchação, cada edema, cada irrupção de um herpes ou de uma vermelhidão. Ao mesmo tempo, a masturbação foi conceitualizada não apenas como fruto de uma prática solitária, mas também como um prazer anônimo que pressupunha a eventual presença de uma alteridade: esfregação, mão desconhecida, roupa, sensação tátil ou olfativa.

Por sinal, na mesma linha, considerava-se que anomalias do aparelho urogenital podiam estar na origem de uma histeria infantil que levasse à masturbação. Muito tempo depois de aceitas as teses pasteurianas, ainda se acreditava na fábula inventada por Tissot segundo a qual todo tipo de doença infecciosa ou viral tinha como origem a prática da masturbação... Entretanto, se a masturbação era um perigoso suplemento, isso significava que era induzida pela cultura. E, se este fosse de fato o caso, era importante saber se a criança era seu próprio sedutor, ou se a sedução era obra de um adulto corruptor, que abusasse da criança. Todo o debate sobre a questão do trauma, de um lado, e das teorias sexuais, de outro, decorre dessas duas hipóteses que acabarão por ser abandonadas por Freud, o qual ao mesmo tempo desistirá de qualquer abordagem da masturbação em termos de "perigoso suplemento".

Mas não era apenas o mundo da infância que estava em pauta. Da mesma forma como se questionava se a fonte do mal provinha da criança ou do adulto sedutor, indagava-se, como já assinalei, acerca da natureza da histeria. Embora se começasse a saber que essa doença dos nervos — neurose ou psiconeurose — não tinha como origem uma excitação da matriz (*uterus*), pensava-se, por um lado, que ela podia manifestar-se em crianças antes da puberdade e, por outro, que, quando vitimava as mulheres, sua causa podia ser o onanismo. A ponto de o recurso à cirurgia (ablação dos ovários) ou à insensibilização da vagina por meio da cocaína ser corriqueiro — e às vezes reivindicado pelas próprias mulheres.

Como vemos, a grande *furia* cirúrgica, que foi preponderante na Europa de 1850 a 1900, atingia tanto a criança masturbadora quanto a mulher histérica. Não eram ambas, como aliás o invertido, os atores mais flamejantes desse perigoso suplemento que tanto inquietara Rousseau? Em todo caso, tinham como ponto comum, aos olhos do novo enfoque médico, preferir uma sexualidade auto-erótica a uma sexualidade procriadora. É, portanto, menos a mulher homossexual do que a mulher histérica — associada ao homem homossexual e à criança masturbadora —, que serviu de suporte a todo tipo de fantasias centradas no terror de uma possível perversão da família e da ordem procriadora.[33]

Por uma curiosa coincidência, essa ciência médica em plena expansão reeditava por sua vez velhos ritos ancestrais no exato momento em que, por meio da conquista colonial (a da França na África em especial), pretendia levar aos povos ditos inferiores as virtudes curativas da civilização branca. Nesses povos, com efeito, e em muitos outros, a excisão sempre tivera como objetivo colocar o corpo da mulher, desde a infância, sob a dominação do poder masculino — pais, irmãos, esposos —, ficando entendido que o clitóris era considerado a sede de uma potência orgástica de tal forma ilimitada que era melhor proteger-se dela[34] a fim de beneficiar o orgasmo vaginal. A operadora da mutilação era em geral mulher: agarrava o clitóris entre o polegar e o indicador e o decepava de uma só vez com uma lâmina. Nos haréns, as mulheres eram submetidas à excisão para evitar o lesbianismo e vigiadas por eunucos.

---

[33] Em *A vontade de saber*, Michel Foucault associa essas três figuras na medida em que encarnam uma espécie de trio infernal que subverte a ordem procriadora.

[34] Michel Erlich, *La femme blessée*, Paris, L'Harmattan, 1987.

98 A parte obscura de nós mesmos

Quanto ao rito da circuncisão,[35] já praticada no alto Egito, não se revestia da mesma significação. Por seu caráter iniciático, marcava a passagem efetuada pelo menino do mundo da infância (dominado pelas mulheres) para o mundo da maturidade (regido por valores viris, guerreiros, masculinos). No judaísmo mais antigo, a circuncisão consistia num rito de aliança — e não de transição — pelo qual era autenticada para todo indivíduo macho a repetição do laço eletivo estabelecido por Deus com Abraão e sua descendência. Daí resultava que todo homem devia carregar esse traço carnal, sob pena de ser excluído da Aliança.

Foi justamente em razão de ser apontada pelos sexólogos do fim do século XIX como depositária de uma sexualidade perigosa — isto é, perversa, auto-erótica, polimorfa —, que a criança pôde então beneficiar-se de uma proteção especial. Não sendo mais criaturas passivas, os filhos da sociedade burguesa, fossem meninos ou meninas, não precisavam mais ser iniciados sexualmente por um professor: nem em nome da libertinagem, nem em virtude de uma pedagogia qualquer. Como conseqüência, o pedófilo — e em especial o pedófilo incestuoso, isto é, aquele que seduz sexualmente a criança que ele próprio engendrou — tornou-se progressivamente o mais perverso dentre os perversos: agente de uma iniciação infame. Símbolo do horror, será condenado em nome da ciência, em certos países da Europa e da América, a renunciar, por meio de emasculação ou castração química, ao órgão de seu gozo,[36] suplantando, como esteio do ódio público, o homossexual.

No fim do século XIX, e durante quase todo o século XX, a noção de perversão evoluiu nesse sentido. Quanto mais era definida como uma patologia de origem biológica, hereditária,

---

[35] Acontece de a palavra "circuncisão" englobar todos os fenômenos de mutilação sexual — em especial a excisão.
[36] Cf. o Capítulo 5.

Iluminismo sombrio ou ciência bárbara? 99

orgânica, mais era dessacralizada, e menos vista como necessária à civilização.

Quanto ao povo dos perversos, manancial de exemplos do interminável catálogo das perversões sexuais, foi representado como um contingente de doentes, semiloucos, tarados ou degenerados, semelhantes aos proletários das classes ditas perigosas: uma raça ruim. Os perversos foram assim intimados, como já sublinhei, a se comportarem convenientemente sob pena de serem excluídos não mais da pólis, mas da *espécie humana*.

A generalização de uma concepção da perversão em termos de escolha de objeto — *as* perversões — e não mais de estrutura — o amor ao ódio — teve como efeito transformar completamente a organização do sexo e da subjetividade nas sociedades ocidentais. Pois, se o perverso era definido como um doente suscetível de reintegrar a norma graças aos avanços do higienismo, da psiquiatria ou da sexologia, isso significava que ele deixava de ser necessário à civilização enquanto parte heterogênea de si mesma ou personagem sacralizado: não passava mais senão de um doente sexual, personagem proscrito fadado ao horror e à compaixão.

Freud nunca foi um grande leitor de Sade, mas partilhava com ele, sem o saber, a idéia segundo a qual a existência humana caracteriza-se menos por uma aspiração ao bem e à virtude que pela busca de um permanente gozo do mal: pulsão de morte, desejo de crueldade, amor ao ódio, aspiração ao infortúnio e ao sofrimento.[37] Pensador do Iluminismo sombrio,[38] e não do

---

[37] Sigmund Freud, *Mal-estar na cultura* (1929), *ESB*, vol.21. Jacques Le Rider, Michel Plon, Henri Rey-Flaud, Gérard Raulet, *Autour du* Malaise dans la culture, *de Freud*, Paris, PUF, 1998.

[38] Yirmiyahu Yovel, *Spinoza et les autres hérétiques*, Paris, Seuil, col. Libre Examen, 1991. E Zeev Sternhell, *Les anti-Lumières. Du XVIIIe siècle à la guerre froide*, Paris, Fayard, 2006.

100 A parte obscura de nós mesmos

anti-Iluminismo, Freud reabilitou a idéia segundo a qual a perversão é necessária à civilização enquanto parte maldita das sociedades e parte obscura de nós mesmos. Porém, em vez de enraizar o mal na ordem natural do mundo e de fazer da animalidade do homem sinal de uma inferioridade insuperável, preferiu sustentar que apenas o acesso à cultura permite arrancar a humanidade de sua própria pulsão de destruição. "Os pensadores sombrios", escreverá Theodor Adorno,

que não desistem da idéia da inafiançável malignidade da natureza humana e que proclamam com pessimismo a necessidade da autoridade — Freud nesse aspecto situa-se ao lado de Hobbes, Mandeville e Sade — não podem ser escorraçados com uma bofetada. Em seu próprio meio, nunca foram bem-vindos.[39]

A pulsão destruidora, dizia Freud, é a condição primordial de toda sublimação, uma vez que a característica do homem — se é que esta existe — não é senão a aliança, no próprio homem, da mais poderosa barbárie e do grau mais elevado de civilização, uma espécie de passagem da natureza à cultura. "Podemos considerar", escreve Marie Bonaparte em 1937, "a pulsão de exploração, a curiosidade intelectual, como uma sublimação completa do instinto agressivo ou destruidor."[40]

---

[39] Theodor Adorno, *La psychanalyse révisée*, seguido de Jacques Le Rider, *L'Allié incommode*, Paris, Éditions de l'Olivier, 2007, p.39. Bernard de Mandeville (1670-1733): moralista e livre-pensador, autor de uma fábula que descreve uma sociedade florescente composta de indivíduos corruptos. Após ter aceitado a reforma de seus costumes, seus membros tornam-se virtuosos, mas sua comunidade logo vem a soçobrar na miséria.

[40] Ernest Jones, *La vie et l'œuvre de Sigmund Freud*, t.3, Paris, PUF, 1969, p.522 [ed. bras.: *A vida e a obra de Sigmund Freud*, t.3, Rio de Janeiro, Imago, 1989, esgotado].

Nunca é o bastante insistir no fato de que Freud foi o único cientista de sua época — depois de muitas divagações —[41] a deixar de ver no trio infernal do homossexual, da histérica e da criança masturbadora a encarnação de uma noção de perversão reduzida à inépcia. E assim como deixou de querer domesticar a perversão ao atribuir seus pretensos estigmas a personagens excluídos da procriação, da mesma forma abandonou as classificações oriundas da sexologia, rompendo, por conseguinte, com o princípio de uma descrição voyeurista — isto é, perversa — das perversões sexuais. Substituiu esse dispositivo por uma conceitualização do mecanismo psíquico da perversão, assumindo todavia o risco de desprezar a longa ladainha das confissões oferecidas à medicina mental pelo povo dos perversos.

Da mesma forma, conferiu uma dimensão essencialmente humana à estrutura perversa — gozo do mal, erotização do ódio, e não tara, degenerescência ou anomalia —, para fazer dela, no plano clínico, o produto de uma disposição polimorfa herdada seja de um culto sexual primitivo, seja do desenvolvimento de uma sexualidade infantil sem rédeas, seja de uma renegação [déni] radical da diferença anatômica dos sexos. "As perversões, cujo negativo é a histeria, devem ser consideradas vestígios de um culto sexual primitivo, que foi inclusive, no Oriente semítico, uma religião (Moloch, Astartéia)."[42] Escreve ainda: "Estamos agora em condições de concluir que há com efeito algo de inato na base das perversões, mas algo que todos os homens partilham e que, enquanto predisposição, é suscetível de variar em sua intensidade."[43]

---

[41] Cujos traços encontramos em sua correspondência com Wilhelm Fliess. (Ed. fr.: *Lettres à Wilhelm Fliess (1887-1904)*, Paris, PUF, 2006.)
[42] Carta de 24 de janeiro de 1897.
[43] Sigmund Freud, *Três ensaios sobre a teoria da sexualidade*, op.cit.

102 A parte obscura de nós mesmos

Foi dessa forma que Freud introduziu no psiquismo o que poderíamos chamar de um universal da diferença perversa: todo homem é habitado pelo crime, o sexo, a transgressão, a loucura, a negatividade, a paixão, o desvario, a inversão etc. Mas nenhum homem pode estar determinado, em vida e previamente, por um destino que o torne inapto a qualquer superação de si.

Numa primeira fase, após ter feito da neurose o negativo da perversão, Freud assinalou o caráter selvagem, bárbaro, polimorfo e pulsional da sexualidade perversa: uma sexualidade em estado bruto que não conhece nem o interdito do incesto, nem o recalcamento, nem a sublimação. Distinguiu em seguida dois tipos de perversão: as perversões de objeto e as perversões de objetivo. No primeiro tipo, classificou as relações sexuais com um parceiro humano (incesto, auto-erotismo, pedofilia), depois dividiu o segundo em três tipos de prática: prazer visual (exibicionismo, voyeurismo), prazer de fazer sofrer e de sofrer (sadismo, masoquismo) e prazer por superestimação exclusiva de uma zona erógena fetichizada.

A partir de 1915, fortaleceu ainda mais sua conceitualização *da* perversão, em detrimento de uma descrição *das* perversões sexuais, para inscrevê-la em seguida numa estrutura tripartite: ao lado da psicose (que se define como a reconstrução de uma realidade alucinatória)[44] e da neurose (que é produto de um conflito interno seguido por um recalcamento), a perversão aparece como uma renegação da castração com fixação na sexualidade infantil.

Em resumo, diremos que, até Freud, as perversões sexuais eram vistas, no discurso da medicina positivista, como desvios sem retorno em relação a uma norma. Elas partiam desta, diziam, como erros, acidentes ou regressões, rumo a uma cloaca

---

[44] O que Lacan, como dissemos, chamará de real.

Iluminismo sombrio ou ciência bárbara? 103

biológica. Quanto ao sujeito, não era, segundo esse mesmo discurso, senão um objeto perdido na tormenta de uma classificação que o reduzia à insignificância ao confiscá-lo de sua parte sombria. Com Freud, ao contrário, a disposição perversa foi concebida como uma passagem obrigatória para a normalidade: uma normalidade de contornos difusos, cada sujeito podendo então definir-se como um ex-perverso que se tornou normal, após ter integrado, como interditos importantes, os princípios da Lei. Nessa perspectiva, a patologia esclarece a norma, e não o contrário:[45] "É precisamente a ênfase colocada no mandamento 'Não matarás' que nos dá a certeza de que descendemos de uma linhagem infinitamente longa de assassinos que tinham no sangue o prazer do assassinato, como talvez nós mesmos ainda."[46]

A perversão, segundo Freud, é de certa forma natural no homem. Clinicamente, é uma estrutura psíquica: ninguém nasce perverso, torna-se um ao herdar, de uma história singular e coletiva em que se misturam educação, identificações inconscientes, traumas diversos. Tudo depende em seguida do que cada sujeito faz da perversão que carrega em si: rebelião, superação, sublimação — ou, ao contrário, crime, autodestruição e outros. Nesse aspecto, Gilles de Rais e Sade são tanto filhos de seu século quanto produtos de uma genealogia familiar que fez deles o que eles se tornaram.

Com Freud, e uma vez assumida a ausência de Deus, a perversão, como estrutura psíquica, foi então integrada à ordem do desejo. Sade colocara em cena uma disciplina do gozo ali

---

[45] Cf. Georges Canguilhem, *O normal e o patológico* (Paris, 1943), Rio de Janeiro, Forense Universitária, 2006. E Georges Lanteri-Laura, *Lecture des perversions*, op.cit., p.85-6.
[46] Sigmund Freud, "Pensamentos para os tempos de guerra e morte" (1915), in *ESB*, vol.1915.

onde Freud substituirá uma pretensa ciência do sexo por uma teoria do desejo. O primeiro levava à sua incandescência o discurso pornográfico, o outro ridicularizava a moral positivista de uma medicina da norma e do horror que transformava o povo dos perversos numa coleção de coisas. Ao mostrar que a disposição perversa é característica do homem, que todo sujeito a carrega em si potencialmente — e que assim a patologia esclarece a norma —, Freud afirmava também que o único limite ao desenvolvimento abjeto da perversão só pode advir de uma sublimação encarnada pelos valores do amor, da educação, da Lei e da civilização.

Com um século de intervalo, Sade e Freud contribuíram assim para uma dessacralização — até mesmo uma laicização — da perversão, de suas obras, de seus atos. Porém, ao contrário da medicina mental que buscava, mediante a dessacralização, circunscrever, controlar ou erradicar *as* perversões, Freud reportava *a* perversão a uma categoria antropológica da própria humanidade.

O que dizer então do lugar da parte obscura no universo da positividade triunfante, nesse mundo em que a perversão, progressivamente integrada ao discurso da ciência, parecia não servir mais para desafiar a Deus, nem para questionar a monarquia, nem sequer para exprimir as metamorfoses do bem e do mal? Diversos escritores, entre os maiores (Balzac, Flaubert, Hugo e muitos outros), tentaram responder a essa pergunta bem melhor do que o fazia a medicina mental. A despeito de suas diferenças, partilhavam uma repulsa comum por aquela ordem burguesa cujo ideal normativo parecia-lhes tão-somente a face exumada de uma patologia zelosamente recalcada. Nada era mais perverso, a seus olhos, do que aquela moral positivista que visava a domesticar as paixões humanas, até mesmo as mais transgressivas.

Iluminismo sombrio ou ciência bárbara? 105

O personagem de Vautrin encarna às mil maravilhas as múltiplas facetas desse avesso da sociedade burguesa da primeira metade do século XIX cuja hipocrisia o autor de *A comédia humana* pretendia desvelar inspirando-se nas classificações pré-darwinianas de Buffon, Cuvier ou Geoffroy Saint-Hilaire. Rosto devastado, mãos assustadoras, cabelos ruivos, suíças tingidas, traços esgarçados, Vautrin, um condenado foragido da prisão, é um sedutor impiedoso. Apaixonado pelos jovens e desdenhando as mulheres, cultiva o amor ao ódio como a mais nobre das rebeliões. Aos 40 anos, pensionista da Maison Vauquer,[47] travestido em especulador financeiro, decide corromper Eugéne de Rastignac. Assim, propõe-lhe assassinar friamente o irmão de uma das jovens pensionistas a fim de que esta pudesse se casar com ele após ter herdado a fortuna de seu pai. Claro, Rastignac recusa o pacto, mas Vautrin triunfa contemplando os progressos de sua grande obra educativa. Não apenas conseguiu perverter a alma de sua vítima, como pôde deleitar-se, por procuração, com sua degradação moral.

Mudando de nome segundo as situações — Jacques Collin,[48] Engana-a-Morte, abade Carlos de Herrera —, Vautrin não cessa, com suas múltiplas metamorfoses, de desafiar a Lei. Mas a paixão que dedica a Lucien de Rubempré — "homem-cortesã" mantido pelas mulheres e que se tornou seu "prostituto" — transforma-o numa espécie de imagem invertida de si

---

[47] Honoré de Balzac, *O pai Goriot* (1835), in *A comédia humana*, vol. IV, orientação, introdução e notas de Paulo Rónai. Nova ed. revista, São Paulo, Globo, 1989.

[48] *Na Comédia humana*, Vautrin é sobrinho de Jacqueline Collin, apontada por Balzac como ex-amante de Marat. Apelidada de Asie, é uma representante da ralé e participará, por instigação da polícia secreta, do envenenamento de Célestin Crevel, repugnante libertino que se casou com sua homóloga feminina, Valérie Marneffe, cujo corpo conhecerá a putrefação, qual um monte de lama, em conseqüência de uma longa doença. Como já assinalei, o Charlus de Proust é o herdeiro de Vautrin.

mesmo.[49] No momento em que julga possuir a alma e o corpo do jovem homem, este o trai e se suicida, não lhe deixando nenhuma chance de se vingar.

Contrário à redenção, Vautrin transforma-se em chefe da polícia, renunciando à sua postura de arcanjo do crime para se juntar às fileiras dos defensores de uma ordem antes combatida. É quando conhece Corentin, policial frio e sem paixão — semblante pálido e olhos de serpente —, capaz de servir a todos os poderes.[50] Entre o antigo recluso, identificado agora ao ideal do Bem, e o zeloso servidor de uma legalidade sem alma, o combate terminará com uma divisão de território. Parte maldita cinicamente legalizada contra parte maldita pomposamente assumida: "Ai de vós", exclama Vautrin,

> se pisardes no meu terreno! ... Chamai-vos Estado, assim como os lacaios chamam-se pelos mesmos nomes de seus patrões; quanto a mim, quero me chamar Justiça, assim nos veremos com freqüência; continuemos a nos tratar com tanto mais dignidade e polidez quanto mais continuarmos a ser atrozes canalhas...[51]

Muito mais que Balzac, Flaubert, inventor do romance moderno, inscreve-se resolutamente contra os ideais de seu século. Homem do Iluminismo sombrio, tinha horror à democracia de opinião, ao colonialismo e à ordem moral. Temia que a industrialização, isto é, o advento das massas na história, levasse o povo a aderir a crenças vãs: devoções cientificistas, cul-

---

[49] Honoré de Balzac, *As ilusões perdidas* (1837), in *A comédia humana*, op.cit., vol.VII.
[50] Balzac faz dele o filho natural de Fouché.
[51] Honoré de Balzac, *Esplendores e misérias das cortesãs* (1845), in op.cit., vol. IX.

Iluminismo sombrio ou ciência bárbara? 107

tos obscurantistas. Entretanto, adepto de uma pornografia cujas delícias ressuscitava por ocasião de suas viagens ao Oriente,[52] assumia de forma corrosiva a história do século que era o seu. "Nele, através dele", escreve Claude Duchet,

> afirma-se e estampa-se o que funda uma definição da literatura pós-revolucionária: a negatividade, que não é a recusa, mas a hostilidade participante; não a rejeição, mas a interiorização polêmica; não a fuga, mas a inserção ofensiva; não o niilismo, mas a ironia lúcida e criativa .... Flaubert pensa e escreve a contra-século, assim como andamos na contramão ou contra o vento.[53]

É por intermédio do libelo acusatório do advogado imperial Ernest Pinard[54] e depois da defesa do advogado Sénard, que melhor apreendemos a maneira como se comporta Flaubert, através de *Madame Bovary*,[55] para oferecer ao leitor o es-

---

[52] Flaubert apreciava particularmente os bordéis do Líbano e do Egito. Em Beirute, ofereceram-lhe meninas bem jovens. Em Esneh, conheceu a célebre cortesã Kutchuk Hanem: "Sua vagina me poluía com protuberâncias aveludadas. Senti-me feroz. Uma imperial bugresa, peituda, carnuda, com narinas fendidas .... Sua boca exalava um cheiro de terebentina açucarada .... Chupei-a raivosamente .... Quanto às trepadas, foram boas. A terceira, sobretudo, foi feroz, e a última, sentimental." (Gustave Flaubert, *Correspondance*, t.1, Paris, Gallimard, col. Bibliothèque de la Pléiade, 1973, p.605).
[53] Claude Duchet, "Flaubert à contre-siècle, ou 'quelque chose de blanc'", *Le Magazine Littéraire* 401, set 2001, p.20. Dossiê notavelmente organizado por Pierre-Marc de Biasi.
[54] O julgamento ocorreu em 24 de janeiro de 1857. Apesar da vitória, Flaubert saiu dali despedaçado e ressentido por ter "sentado no banco da infâmia". Entretanto, agradeceu a seu advogado por haver conferido uma autoridade imprevista a seu primeiro romance.
[55] Gustave Flaubert, *Madame Bovary* (1856), in Œuvres, t.I, Paris, Gallimard, col. Bibliothèque de la Pléiade, 1951 [ed. bras.: *Madame Bovary*, São Paulo, Nova Alexandria, 2007].

petáculo de uma condenação à morte quase sadiana dos ideais da nova sociedade burguesa.

Pinard recriminava Flaubert por não haver respeitado as regras impostas pela moral pública. Aparentemente, dizia ele, o autor desse livro diabólico fingia contar a triste história dos adultérios de uma mulher de província e descrever seus vícios tãosomente para condená-los. Porém, na realidade, prosseguia ele, pelo próprio estilo de sua narrativa, o escritor perverte tanto as regras do romance quanto as da moral, tornando-se cúmplice do gozo destruidor de sua heroína. Assim, deve ser julgado culpado, em nome dela, por odiar o casamento, valorizar o adultério e a luxúria, estimular a ruína financeira dos lares, negligenciar o instinto materno e, por fim, fazer a apologia do suicídio.

E, para ilustrar sua afirmação, Pinard observava que Flaubert ultrajara a religião e a moral pelo viés de um travestimento da língua e de uma inversão dos usos da retórica. O autor falava por exemplo, dizia ele, das "degradações do casamento" e das "desilusões do adultério", ali onde deveria ter dito "desilusões do casamento" e "degradações do adultério". E, quando pretendia criticar a degradação da heroína, após o deslize, não fazia senão pintar o suntuoso retrato da beleza lasciva, provocante e voluptuosa. Por fim, quando narrava o instante de sua morte, após uma longa agonia, fazia intervir o repugnante personagem do Cego, cuja canção profanava a prece dos agonizantes. Aos olhos do magistrado, Emma morria então, sob a pena de Flaubert, como um diabo que escarnecia, desafiava a Lei divina: "O Cego", ela exclamou. "E Emma começa a rir uma risada atroz, frenética, desesperada, julgando ver a face hedionda do miserável que se erguia nas trevas eternas como um terror... Uma convulsão a deixa prostrada no colchão. Todos se aproximaram. Ela não existia mais."[56]

---

[56] Cf. "Procès contre Gustave Flaubert", ibid., p.629.

Em sua defesa, o doutor Sénard, o advogado, opunha ao magistrado a idéia de que o romance não ultrajava nem a moral pública nem a religião, uma vez que não apresentava o espetáculo do vício senão para inspirar o horror. Como sabemos, Flaubert foi absolvido por ter tido

> principalmente em vista expor os perigos que resultam de uma educação não-apropriada no meio da qual se deve viver, e por, ao assumir esta idéia, mostrar a mulher, personagem principal de seu romance, aspirando a um mundo e uma sociedade para os quais não era feita ... esquecendo-se em primeiro lugar de seus deveres de mãe, faltando em seguida com seus deveres de esposa, introduzindo sucessivamente em sua casa o adultério e a ruína e terminando miseravelmente pelo suicídio, após ter passado por todos os graus da degradação mais completa e haver-se rebaixado até o roubo.[57]

Nesse embate, entretanto, Pinard não estava errado em sua análise do texto flaubertiano. E, se tivesse condições de proceder a uma perícia mais completa dos rascunhos, teria tido com que alimentar sua acusação além de toda expectativa.[58]

Rebelde sem causa, sempre à procura de um destino diferente do seu, escrava sexual e flagelada de seu primeiro amante, inapta a assumir seus deveres de mãe e esposa, Emma encarna no mais alto ponto esse gozo feminino, essa loucura do amor desvairado e essa atração pela morte voluntária cujos danos a ciência médica jamais deixará de apontar sem conseguir do-

---

[57] Ibid., p.682.
[58] "Escapadas de Rouen, afogada em esporro, lágrimas e champanhe ... maneira feroz com que ela se despia atirando tudo no chão ... sangue no dedo de Léon, o qual ela chupa — amor tão violento que descamba para o sadismo —, prazer do suplício" (cf. Pierre-Marc de Biasi, *Le Magazine Littéraire*, op.cit., p.27).

110 A parte obscura de nós mesmos

mesticá-los. Além de afetada pelos múltiplos sintomas de uma doença nervosa[59] — febrilidade, convulsões, vômitos —, acha-se afogada na contemplação melancólica de seu desejo insatisfeito. A meio caminho entre Justine e Juliette, não sabendo escolher entre os infortúnios da virtude e as prosperidades do vício, a heroína flaubertiana só encontra seu caminho aniquilando-se a si própria num ato sacrílego. É dessa forma que ingere intempestivamente uma dose cavalar de pó de arsênico.

O mundo em que Emma viveu é povoado por figuras grotescas: usurário corruptor, notário libidinoso, marido pervertido pela própria estupidez, amante medroso, enfeitiçado pela influência que exerce sobre ela, padre sem fé nem lei, cego louco saído direto do pátio dos milagres, enfermo nascido com um pé aleijado, depois amputado em condições miseráveis, e, pior ainda, o senhor Homais, como sinistro boticário (entre David Tissot e Ambroise Tardieu), perverso entre os perversos.

Em virtude de se pretender racional, generoso, positivista, erudito, anticlerical, Homais aparece, sob a pena de Flaubert, como o oposto do que pretendia ser: avaro, ignorante, obscurantista, fetichista dos filtros e venenos, fascinado enfim pelo escalpelo e as pústulas. Verdadeiro epicentro da estupidez[60] que

---

[59] Era apontada como histérica, e seu nome deu origem a uma patologia considerada pela medicina mental: o bovarismo. Cf. Elisabeth Roudinesco, *História da psicanálise na França*, t.1 (1982), Rio de Janeiro, Zahar, 1989, fora de catálogo. E Vincent Kauffmann, *Ménage à trois: littérature, médecine, religion*, Villeneuve-d'Ascq, Presses Universitaires du Septentrion, 2007.

[60] Flaubert define a estupidez como o mal absoluto (um mal *bestial*), o pecado capital do advento da democracia burguesa, e, portanto, inimigo irredutível. Foi o primeiro a ter feito dela uma perversão ao identificá-la ao poder exercido sobre o povo pelas idéias feitas, pela opinião pública, pelos ideais da falsa ciência, de que Homais, personagem perverso, é o porta-voz, contrastando com a tolice de Charles Bovary. Cf. Pierre-Marc de Biasi, "Flaubert: sus à l'ennemi!", *Le Magazine Littéraire*, *La bêtise, une invention moderne*, 466, jul-ago 2007. Jacques Lacan retomará essa tese numa fórmula inesquecível: "A psicanálise pode tudo", dirá, "mas é impotente contra a burrice."

Iluminismo sombrio ou ciência bárbara? 111

corrói a sociedade moderna, ele metamorfoseia-se em diabo[61] à medida que Emma, que supostamente carrega o vício, converte-se em santa laica.

E é então que surge, diante dela, e qual o fantasma de outros tempos, a grande figura da virtude, da ciência e do soberano Bem, considerado um demônio por todos os imbecis — o doutor Larivière:

A aparição de um deus não teria causado comoção maior .... Pertencia à grande escola cirúrgica egressa do jaleco de Bichat, a essa geração agora desaparecida de clínicos filósofos que, acalentando sua arte com um amor fanático, a exercia com exaltação e sagacidade .... Desdenhando cruzes, títulos e academias ... teria quase passado por um santo se a malícia de sua inteligência não o tivesse feito ser temido como demônio .... Franziu o cenho desde a porta, percebendo a face cadavérica de Emma deitada de costas, a boca aberta .... E esse homem, não obstante tão habituado ao aspecto das dores, não conseguiu reter uma lágrima, que caiu sobre sua proeminente barriga.[62]

Após haver descrito essa cena, de que nenhuma testemunha conservará a lembrança, Flaubert termina seu romance com o triunfo de Homais. Respeitado por suas virtudes cívicas,

---

[61] "O mal instalou-se na casa dele", escreve Pierre Michon. "É em seu cafarnaum que Emma vai encontrar o arsênico sob a forma de um frasco que lhe parece um duplo: um vidro azul e um lacre de cera amarela, exatamente as cores que Emma prefere para se vestir, tendo em seu bojo uma coisa tão branca quanto sua própria carne, o belo arsênico. Que Homais seja um diabo fica claro desde sua primeira aparição, ele usa 'pantufas de pele verde'. Quem tem pele verde? As últimas palavras do romance devem ser lidas ao pé da letra: 'Ele conquistou uma clientela *infernal'"* (cf. *Le roi vient quand il veut: propos sur la littérature*, Paris, Albin Michel, 2007, p.354-5).
[62] Gustave Flaubert, *Madame Bovary*, op.cit., p.184.

112 A parte obscura de nós mesmos

o diabo de pantufas verdes consegue, após a morte de Charles Bovary, impor aos habitantes de Yonville a política higienista com que sonhara, manipulando, nos fundos de sua lúgubre botica, suas poções, venenos e instrumentos de tortura. Em nome da ciência e do progresso, expulsa da região todos os indesejáveis — miseráveis, doentes, mendicantes, anormais, vagabundos —, a fim de poder gozar, o mais legalmente possível, do ódio que dedica ao gênero humano: "Conquista uma clientela infernal; a autoridade o paparica e a opinião pública o protege. Acaba de receber a Legião de Honra."[63]

Definindo-se a si mesmo como um "patriota da humanidade", convencido de que o progresso "anda" mesmo quando parece cochilar,[64] Victor Hugo procedia, com *Os miseráveis*, a outra inversão dos códigos da narração literária. Se Flaubert descrevia em 1856 como Homais pervertia o ideal republicano, Hugo, alguns anos mais tarde, fazia surgir, do âmago da sociedade, sua parte maldita: detentos, criminosos, marginais, mendigos, proxenetas, prostitutas, crianças abandonadas.

Dessa forma, trazia à luz o imenso monturo inerente à pólis — simbolizado tanto por barricadas[65] quanto por esgotos — para dele fazer o arcabouço desconstruído no qual repousava o edifício aparentemente sólido da normalidade burguesa:

---

[63] Ibid., p.611.

[64] Victor Hugo, *Les Misérables* (1862), Paris, Laffont, col. Bouquins, 1985, p.975, apresentação, notícias e notas de Guy e Annette Rosa [ed. bras.: *Os miseráveis*, São Paulo, Cosac Naify, 2002, apresentação de Renato Janine Ribeiro].

[65] Hugo trata *a* barricada — além *das* barricadas — como um sujeito da história, e compara os esgotos de Paris ao intestino de Leviatã. Cf. a respeito "da barricada", Jacques Derrida, *Espectros de Marx* (Paris, 1993), Rio de Janeiro, Relume-Dumará, 1994.

Enquanto existir, em virtude das leis e dos costumes, uma maldição social criando artificialmente, infernos em plena civilização e embaralhando, com uma fatalidade humana, o destino que é divino; enquanto os três problemas do século — a degradação do homem pelo proletariado, a decadência da mulher pela fome, a atrofia da criança pela noite —, não forem resolvidos; enquanto em certas regiões a asfixia social for possível; em outros termos e de um ponto de vista ainda mais amplo, enquanto houver ignorância e miséria sobre a Terra, livros da natureza deste não deverão ser inúteis.[66]

E, para designar a vida subterrânea desse mundo da norma invertida — homem degradado, mulher decadente, criança atrofiada —, em que avizinham a aspiração à graça e atração pela abjeção, Hugo entregava-se a uma engenhosa aliança de fórmulas contraditórias: "acrópole dos mendicantes", "cloaca olímpica", "anjo infame", "herói hediondo", ou ainda, "era um monte de lixo e era o Sinai", "nosso monturo é ouro", "à sombra, isto é, à luz" etc.

Oriundo da miséria, habitado pelo desejo do mal, Jean Valjean é um herói minúsculo e sem nome. Sob a pena de Hugo, ingressa na história paralela dos indigentes no outono de 1815, depois de 20 anos de prisão, no momento em que Napoleão, nascido no mesmo ano que ele, sai da grande História. Da mesma forma, a catástrofe de Waterloo é descrita, no meio do romance, como o desfecho de uma aventura imperial à qual se vinculam, subterraneamente, três figuras do destino do século: a primeira, transgressiva, mística, incestuosa e redentora, do magnífico Valjean; a segunda, imunda e criminosa, do repugnante Thénardier; a terceira, enfim, sórdida e trágica, do estúpido Javert.

---

[66] Iniciado em 1845, o romance será publicado em 1862.

Convertido ao amor ao Bem por monsenhor Myriel, bispo de Digne, santo homem um tanto laico que desdenhava as honras da Igreja,[67] o ex-condenado Valjean jamais conheceu a menor relação carnal. Não amou nem pai, nem mãe, nem irmão, nem esposa, nem amante, nem amigo. Porém, depois de iniciado na graça, ao longo dessa metamorfose, tornou-se prefeito de Montreuil, sob o nome bastante feminino de senhor Madeleine. E é então que conhece Fantine, ex-prostituta, perseguida como ele pelo inspetor Javert. Ele lhe promete arrancar sua filha Cosette das garras de Thénardier, que a submete, amparado pela mulher e as filhas, às piores humilhações.[68] Nove meses mais tarde, o tempo de uma gravidez, Valjean leva consigo a menina, oferece-lhe uma luxuosa boneca e troca seus farrapos por roupas pretas, a fim de que ela possa manifestar o luto por uma mãe cuja identidade ela não conhece.

Sem tempo nem de amar, nem de se casar com Fantine, nem sequer de sentir por ela um desejo qualquer, Valjean adota Cosette, de quem se torna pai oficial — e literalmente o pai "celestial", diz Hugo — justamente quando, observando-a adormecida em suas roupas noturnas, ele sente pela primeira vez não apenas um "êxtase amoroso que vai até o desvario", mas também as *"contrações*, isto é, as dores do parto, como uma mãe, e sem saber do que se trata".[69] Valjean torna-se então ao mesmo tempo amante místico da criança, seu pai divino e sua mãe nutriz.

Dez anos mais tarde, após o casamento de Cosette e Marius — pesadelo camuflado em *happy end* —,[70] Valjean, excluído da ordem da normalidade burguesa, é vítima de uma forte crise de fetichismo. De uma mala cuidadosamente dissimulada e

---

[67] Apelidado de monsenhor Bienvenu [Bem-vindo]. Por ocasião de sua morte, Valjean, então senhor Madeleine, usará luto.

[68] Os Thénardier têm três filhos: Éponine, Azelma e Gavroche.

[69] Victor Hugo, *Les misérables*, op.cit., p.345.

[70] "Ser feliz é uma coisa terrível!" (ibid., p.1125).

aferrolhada,[71] tira as roupas com as quais vestira a órfã por ocasião de seu primeiro encontro. E, repentinamente, desmorona, o rosto afogado nas meias, no corpete e nos sapatos da criança para sempre desaparecida:

> Primeiro o vestidinho preto, depois o xale preto, depois os bons e rústicos sapatos de criança que Cosette quase podia estar usando agora, tão pequeno era seu pé, depois o corpete de fustão grosso, depois a saia de tricô, depois o avental com bolso, depois as meias de lã, meias que ainda conservavam graciosamente a forma de uma perninha. Tudo isso na cor preta.[72]

É por uma metáfora zoológica, mais inspirada na obra de Buffon que na de Darwin, que Hugo introduz Javert na história de Valjean: "Dê uma face humana a esse cão, filho de uma loba, e este será Javert ... . Estampava-se em torno de seu nariz um enrugamento achatado e selvagem como o focinho de um animal feroz. Javert sério era um perdigueiro; quando ria, era um tigre ... . O olhar taciturno, a boca vincada e temível."[73]

Nascido na prisão, de um pai galeriano e uma mãe cartomante, Javert também vem do mundo da miséria. Porém, tendo crescido fora da sociedade, reteve dela apenas sua parte maldita, "composta daqueles que a atacam e daqueles que a protegem".[74] Tornou-se policial como quem se torna criminoso. Frio e lúgubre, vestindo preto, sem afeto, casto e imbuído de abnegação, tem como maior paixão odiar os livros, abominar toda forma de rebelião e idolatrar a autoridade a ponto de se identificar com a Lei para melhor pervertê-la.

---

[71] Uma maleta apelidada de "a inseparável".
[72] Ibid., p.1.087.
[73] Ibid., p.136.
[74] Idem.

Nesse sentido, só é capaz de aplicá-la ao preço de nunca se ver compelido a pensá-la. Devoto da estupidez e da submissão, convencido da infalibilidade daquilo que ele julga ser legal ou ilegal, realiza sua tarefa sem nunca se interrogar sobre o sentido de seus atos. Persegue Fantine porque ela é uma prostituta, protegendo assim um burguês repugnante — o senhor Bamatabois —[75] porque ele é um representante da ordem estabelecida. Pouco importa, a seus olhos, que este tenha humilhado incessantemente a garota, doente e desdentada, pelo mero prazer de destruí-la. Javert é a encarnação mesma da banalidade do mal.[76] "Uma prostituta havia atacado um burguês", escreve Hugo. "Ele vira aquilo, ele, Javert. Escrevia em silêncio ... . O ideal para Javert não era ser humano, ser grande, ser sublime; era ser irrepreensível."[77]

Quando Valjean o liberta de seus grilhões, no coração da barricada, Javert não compreende por que seu maior inimigo não o mata, quando havia recebido ordens para isso. Pior ainda, não pode admitir que este lhe dê o endereço de seu esconderijo. Pois esta é a "vingança" de Valjean: oferece a seu perseguidor o único dom que este não pode receber dele — a possibilidade de escolher seu destino. Em outros termos, Valjean faz de Javert — irrepreensível agente da banalidade do mal — um "Javert descarrilado". E este o liberta espontaneamente por

---

[75] Bamatabois não cessa de insultar Fantine quando a encontra. Ela nunca responde. Um dia, ele se insinua atrás dela com passo de lobo e lhe joga nas costas um punhado de neve. Ela solta então um rugido, depois o arranha e xinga. Impassível, e a despeito das súplicas de Fantine, Javert, por sua vez, a condena impiedosamente à prisão. Não quer saber se ela vendeu seus dentes para pagar aos Thénardier a pensão de Cosette (ibid., p.150-3).

[76] Hannah Arendt emprega essa expressão para designar um tipo de criminoso que comete crimes em tais circunstâncias que lhe é impossível saber ou sentir que pratica o mal. Cf. *Eichmann à Jérusalem* (1963), [Paris, Gallimard, 1966, p.303, [ed. bras. *Eichmann em Jerusalém*, São Paulo, Companhia das Letras, 1999].

[77] Victor Hugo, *Les misérables*, op.cit., p.1.042.

Iluminismo sombrio ou ciência bárbara? 117

ter percebido, uma única vez na vida, o brilho mortal do soberano Bem:

> Que fazer agora? Libertar Jean Valjean não era bom; deixar Jean Valjean livre não era bom. No primeiro caso, o homem da autoridade degradava-se mais baixo que o homem das galés; no segundo, um forçado subia mais alto que a lei e tomava as rédeas. Em ambos os casos, desonra para Javert ... . Ele não se rendera sem resistência àquele monstro, àquele anjo infame, àquele herói hediondo. Vinte vezes, quando estava naquele coche face a face com Jean Valjean, o tigre legal rugira nele ... . Ao lado de Jean Valjean engrandecido, ele se via, ele, Javert, degradado. Um forçado era seu benfeitor ... . Era obrigado a reconhecer que a bondade existia. Aquele forçado havia sido bom. E ele mesmo, coisa inaudita, acabava de ser bom. Logo, depravava-se.[78]

Incapaz de enfrentar o espetáculo de seu "descarrilamento", Javert suicida-se, não sem haver redigido, como zeloso servidor da ordem, algumas observações ridículas para "o bem do serviço". Mas essa morte voluntária, ao contrário da de Emma Bovary, não o leva nem a ter de se confrontar com sua fragilidade nem a viver uma agonia reparadora. Originário de um mundo maldito, retorna, com a sua derrocada, à face escura de si mesmo: "Ouviu-se um respingar abafado; e a sombra foi a única a saber o segredo das convulsões daquela forma escura desaparecida na água."[79]

Na encruzilhada desses dois destinos, do perseguidor e do perseguido, Thénardier evoca uma espécie de Homais inver-

---

[78] Ibid., p.1.038-42.
[79] Ibid., p.1.047. O suicídio de Javert é comparado a um ato de demência por seus chefes e por Valjean (ibid., p.1.062).

118   A parte obscura de nós mesmos

tido. Assim como o boticário, ele se pretende materialista, voltairiano, progressista, liberal, bonapartista, filósofo: *"filousophe"* ["filoucósofo"], diz Hugo. Magro, anguloso, ossudo, cultiva um aspecto doentio para melhor dissimular que está ótimo: tem um olhar de fuinha, o aspecto de um homem de letras e as maneiras de um estadista, embora seja impregnado pelo odor putrefato dos cadáveres que aviltou para despojá-los de seus bens.

Após ter reinado nos campos de batalha da epopéia napoleônica, como assassino dos feridos e saqueador dos mortos,[80] tornou-se dono de uma birosca em companhia de sua mulher, alta, vermelha, gorda, quadrada, com buço: "Sem os romances que ela lera e que bizarramente faziam reaparecer a dengosa por baixo da megera, nunca ocorrera a ninguém dizer sobre ela: é uma mulher ... . Quando ouviam-na falar, diziam: é um policial. Quando viam-na beber, diziam: é um carroceiro. Quando viam-na manobrar Cosette, diziam: é o carrasco."[81]

Transtornado com a paixão que dedica a si mesmo, Thénardier não encarna nem a banalidade do mal nem a figura pervertida da Lei. Pura vileza, alimenta-se da destruição do gênero humano, a começar pela de sua família: Éponine morre salvando Marius após tê-lo traído, ao passo que Thénardier desaparece na prisão como um dejeto. Quanto a Gavroche, cai heroicamente ao pé da barricada após ter-se tornado a figura invertida de seu pai, análoga a Jean Valjean: patriarca fraterno dos meninos de rua.

Destruidor de seu *genos*,[82] príncipe do vício, do ódio e da crueldade, Thénardier fugirá para a América, com Azelma, para se

---

[80] Foi em Waterloo que ele fingiu salvar o pai de Marius para melhor saquear seu cadáver, fazendo-se depois passar por um herói.
[81] Victor Hugo, *Les misérables*, op.cit., p.300.
[82] *Genos*: família, raça, laço genealógico, o qual permite perpetuar uma linhagem.

tornar negreiro, realizando assim sua aspiração mais profunda: alcançar o status de carrasco universal da humanidade.

É à velha Europa, e somente a ela, que devemos a primeira formulação de um programa crepuscular, altamente perverso, que consistiu em inverter radicalmente os ideais progressistas da medicina positivista para transformar esta última, subrepticiamente, em uma ciência criminal, que será denominada "higiene racial".

Ao longo da segunda metade do século XIX, com o impulso do darwinismo, justamente quando os sexólogos começavam a desenvolver suas novas classificações das perversões e os escritores buscavam desvelar as torpezas da sociedade do progresso, as mais altas autoridades da ciência médica alemã inventaram a biocracia,[83] isto é, a arte de governar os povos não com a ajuda de uma política baseada numa filosofia da história, mas por meio das ciências da vida e das ciências ditas humanas — antropologia, sociologia etc. —, na época vinculadas à biologia.

Conservadores ou progressistas, esses cientistas, íntegros e virtuosos, herdeiros do Iluminismo, haviam tomado consciência dos danos que a industrialização provocava na alma e no físico de um proletariado cada vez mais explorado nas fábricas infectas. Violentamente hostis à religião, à qual atribuíam a perdição dos homens por falsos preceitos morais, queriam purificar as estruturas culturais e científicas de seu país e combater todas as formas ditas de "degenerescência" ligadas à entrada do homem na modernidade industrial.

---

[83] Rebatizada por Foucault como "biopoder". Cf. Paul Weindling, *L'Hygiène de la race*, t.1: *Hygiène raciale et eugénisme médical en Allemagne*, *1870-1933*. Paris, La Découverte, 1998, prefácio de Benoît Massin.

120 A parte obscura de nós mesmos

Assim, inventaram uma estranha figura da ciência — darwiniana, nietzschiana, prometéica —, uma figura temerária capaz de encarnar no mais alto grau a potência da *Kultur* clássica alemã, herdeira de Goethe e de Hegel, o homem novo regenerado pela ciência, pela razão, pela superação de si. E foram logo imitados pelos comunistas[84] e pelos fundadores do sionismo, em particular Max Nordau,[85] que via no retorno à Terra Prometida a única maneira de libertar os judeus europeus do abastardamento em que os haviam mergulhado o anti-semitismo e o ódio de si judaico. Assim como os homens de ciência, os sionistas queriam criar um "judeu novo".

Favoráveis à emancipação das mulheres e a um controle harmônico da procriação, esses médicos iluministas executaram um projeto estadístico de regeneração de almas e corpos, um programa eugenista pelo qual incitavam a população a se purificar mediante casamentos medicamente controlados. Obrigaram igualmente as massas a abandonar seus "vícios": tabaco, álcool e uma sexualidade desordenada. Mas foram também os artífices de um grande rastreamento das doenças que corroíam o corpo social: sífilis, tuberculose etc. Alguns deles, como Magnus Hirschfeld, já mencionado aqui, pioneiro da emancipação dos homossexuais, aderiu a esse programa, convencido de que um homossexual de tipo novo, finalmente livre da herança perversa da raça maldita, podia ser criado pela ciência. Ele também, como os fundadores do sionismo, queria criar um homem novo: o "homossexual novo".

---

[84] O "homem novo" comunista deve regenerar-se pelo trabalho manual.

[85] Max Nordau (1849-1923): escritor, filósofo e homem político de língua alemã, fundador do sionismo, ao lado de Theodor Herzl (1860-1904). Cf. *Max Nordau*, textos editados por Delphine Bechtel, Dominique Bourel e Jacques Le Rider, Paris, Le Cerf, 1996.

Conhecemos a seqüência. A partir de 1920, numa Alemanha exangue e vencida, incessantemente humilhada pelos vencedores que lhe haviam imposto o injusto tratado de Versalhes, os herdeiros dessa biocracia reivindicaram a aplicação desse programa acrescentando-lhe a eutanásia e a prática sistemática da esterilização. Passaram então assim do Iluminismo para o anti-Iluminismo, e de uma ciência normativa, já bárbara, para uma ciência criminal sem outro objeto senão a execução de um projeto genocida.

Obcecados pelo terror do declínio da "raça", inventaram a noção de "valor de vida negativa", convencidos de que determinadas vidas não valiam a pena ser vividas: a dos sujeitos acometidos por um mal incurável, uma deformidade, uma deficiência ou uma anomalia, a dos doentes mentais e finalmente a das raças ditas inferiores. A figura heroicizada do "homem novo" fabricada pela ciência mais civilizada do mundo europeu transformou-se então em seu contrário, uma figura imunda, a da raça dos senhores vestindo o uniforme da SS.

Programa perverso — oriundo de uma ciência erigida em religião e cujo ideal de verdade fora pervertido num país fadado à humilhação —, a "higiene racial" repousava primordialmente na pretensão ao controle totalizante da sexualidade humana. Julgando servir à civilização, ela não fez senão percorrer o círculo antropológico peculiar à essência da perversão: humana, exclusivamente humana, a ponto de encerrar o projeto de exterminar o próprio homem e querer substituí-lo, mediante pretensos cruzamentos biológicos perfeitos (o *Lebensborn*),[86] por um humano de raça pura. Assim, seus adeptos contribuíram em primeiro lugar para realizar eutanásias nos

---

[86] *Lebensborn*: fontes de vida. Instituições destinadas a procriar sujeitos de pura raça ariana. A primeira foi criada em agosto de 1936 por Heinrich Himmler. Cf. Marc Hillel, *Au nom de la race*, Paris, Fayard, 1975.

122   A parte obscura de nós mesmos

doentes mentais,[87] depois para conduzir à rampa de Auschwitz os judeus, os ciganos, as testemunhas-de-jeová, os comunistas, os homossexuais[88] e outros "degenerados" ou "anormais" (anões, gêmeos, corcundas, desviantes sexuais etc.), isto é, todos os representantes da "raça ruim": um povo de perversos.

É a Luchino Visconti, cineasta marxista e homossexual, herdeiro da raça maldita, que cabe o mérito, em *Os deuses malditos*,[89] de ter conseguido descrever, de forma mais cativante que os historiadores, as facetas perniciosas desse círculo antropológico no âmbito do qual, entre idealização e decadência, o

---

[87] Eis aqui sua nosografia: esquizofrenia, epilepsia, demência senil, sífilis, idiotia, encefalite, doença de Huntington e outras afecções neurológicas em fase terminal, desviantes sexuais. Eugen Kogon, Hermann Langbein, Adalbert Rukerl, *Nationalsozialistische Massentötungen durch Giftgas. Eine Dokumentation*, Frankfurt, 1983 [ed. fr.: *Les chambres à gaz, secret d'État*, Paris, Minuit, 1984]. E Alice Ricciardi von Platen, *Die Tötung Geisteskranker in Deutschland* (1948), Bonn, Psychiatrie-Verlag, 1993 [ed. fr.: *L'Extermination des malades mentaux dans l'Allemagne nazie*, Ramonville-Saint-Agne, Érès, 2001].

[88] Christian Bernadac, *Les médecins maudits*, Paris, Pocket, 1977. Eugen Kogon, *L'État SS: le système des camps de concentration allemands*, Paris, Seuil, col. Points-Politique, 1970. Heinrich Himmler (1900-45), chefe das SS e da Gestapo e encarregado por Hitler da execução da Solução Final, foi um dos maiores recriminadores da homossexualidade. Em seu discurso de Bad Tölz, de 18 de fevereiro de 1937, afirmou que os homossexuais, não podendo viver senão entre si, eram responsáveis pela corrupção geral do Estado, e acrescentou: "Os desvarios sexuais provocam as coisas mais extravagantes que se podem imaginar. Dizer que nos comportamos como animais seria insultar os animais, pois os animais não praticam esse gênero de coisa" (cf. Jean Boisson, *Le triangle rose*, Paris, Laffont, 1988). Após ter tentado entrar em contato com os Aliados, Himmler foi localizado pelos vencedores, e envenenou-se com cianureto para escapar ao tribunal de Nuremberg.

[89] *Os deuses malditos* (*La caduta degli Dei*, 1969), filme italiano de Luchino Visconti rodado em inglês com Dirk Bogarde (Frederick Bruckmann), Albrecht Shoenhals (Johachim von Essenbeck), Ingrid Thulin (Sophie von Essenbeck), René Kolldehoff (Konstantin von Essenbeck), Helmut Berger (Martin von Essenbeck), Renaud Verlay (Gunther Thalman), Umberto Orsini (Herbert Thalman), Charlotte Rampling (Élisabeth Thalman), Helmut Griem (Aschenbach).

Iluminismo sombrio ou ciência bárbara? 123

grande sonho perverso do homem novo transformou-se em seu oposto. Inspirando-se tanto na saga da família Krupp quanto no universo romanesco de Thomas Mann, Visconti coloca em cena a autodestruição impiedosa de uma grande família de industriais: os Essenbeck. E, a essa tragédia edipiana da erradicação voluntária, dá como pano de fundo os quatro grandes acontecimentos pelos quais o nazismo instalou sua influência assassina no corpo da nação alemã: a tomada do poder por Hitler, o incêndio do Reichstag, a noite dos Longos Punhais, o auto-de-fé das obras essenciais da cultura ocidental.

A força desse relato mítico, que descreve a gênese do maior sistema perverso já produzido na Europa — o sistema genocida —, deve-se ao fato de que os principais personagens ocupam sucessivamente o lugar da vítima e o do carrasco, ao mesmo tempo em que cada um é não apenas de uma suntuosa elegância e de uma estarrecedora beleza carnal, como incessantemente invertido, travestido, transgressivo, sacrílego, criminoso. Sob a aparência de um refinamento delicado, e no coração de um palacete reluzente onde se estampam os sinais mais prestigiosos da *Kultur* alemã, todos pensam apenas em se tornar lacaios da nova ordem nazista encarnada por um capitão da SS — que é chamado de "primo" —, que, por sua vez, nunca é vítima nem carrasco. Com efeito, Mefisto sem alma nem corpo, Aschenbach não tem nem prenome nem afeto: é o puro espírito da nova raça dos senhores cujo único dever é organizar, segundo uma regra lógica, a extinção total do laço genealógico (do *genos*)[90] que une os membros da família Essenbeck. Pois destruir esse laço é destruir simbolicamente o *genos* da nação alemã e portanto, por antecipação, substituir esse *genos* por seu avesso assassino: a pulsão genocida.

---

[90] Na tragédia grega, e sobretudo na grande trilogia de Sófocles (*Édipo*, *Édipo em Colono* e *Antígona*), Édipo destrói o *genos* sem o saber, tornando-se assassino de seu pai, esposo de sua mãe e irmão de seus filhos. Assim, torna impossível a perpetuação da linhagem dos Labdácidas.

Pervertido pela mãe, ela mesma subjugada por Aschenbach, que fez do amante desta um criminoso a serviço da raça dos senhores, o último rebento dos Essenbeck, Martin, sucessivamente travestido, humilhado, estuprador e pedófilo, acaba por transformar sua desordem íntima numa adesão feroz e imperiosa à nova ordem nazista, não sem antes ter possuído o corpo da mãe segundo um ritual incestuoso com aspecto de erotismo macabro. Louca e entregue à ciência médica, a mãe — degradada em seu corpo — não passa mais senão do espectro do que foi. Beleza carcomida pela desrazão, será obrigada pelo filho a se envenenar com cianureto, ao lado do amante, após ter sido confrontada com uma cena de bodas bárbaras ao longo da qual um representante da Lei exigirá que os recém-casados não pertençam à raça judaica.

4 As confissões de Auschwitz

Foi de seu exílio norte-americano que Theodor Adorno e Max Horkheimer promoveram, em 1947, num livro célebre, *Dialética do Esclarecimento*,[1] uma longa digressão sobre os limites da razão e dos ideais do progresso. Pensadores do Iluminismo sombrio, ambos haviam assimilado a idéia freudiana segundo a qual a pulsão de morte — sob a forma do gozo do mal — só poderia encontrar seus limites com a sublimação, única maneira de se ter acesso à civilização. "Os homens chegaram agora tão longe na dominação das forças da natureza", dissera Freud em 1930, "que, com a ajuda destas últimas, ficou mais fácil exterminarem-se até o último deles."[2]

O exemplo da Alemanha mostrava efetivamente que os ideais do progresso podiam inverter-se em seu contrário e resultar numa autodestruição radical da razão. E, para apoiar sua argumentação, os dois filósofos da Escola de Frankfurt associavam os nomes de Kant, Sade e Nietzsche, ao mesmo tempo em que faziam da *História de Juliette* o momento dialético pelo qual o gozo de sua regressão (*amor intellectualis diaboli*) se me-

---

[1] Max Horkheimer e Theodor Adorno, *Dialética do Esclarecimento*, (Amsterdã, 1947), Rio de Janeiro, Zahar, 1985.
[2] Sigmund Freud, *Mal-estar na cultura*, op.cit.

125

126 A parte obscura de nós mesmos

tamorfoseara, na história do pensamento ocidental, num prazer de destruir a civilização com as mesmas armas desta.

Longe de afirmar, como farão alguns, que a obra de Sade podia ser lida como uma prefiguração do nazismo, eles antes anunciavam que a inversão sadiana da Lei assemelhava-se a uma "historiografia antecipada da era totalitária". Continuando a odiar o "divino marquês", diziam eles em suma, os adeptos do positivismo não haviam feito senão recalcar seu desejo de aniquilamento para vestirem a máscara da mais elevada moralidade. Assim, haviam sido levados a tratar os homens como coisas, depois, à medida que as circunstâncias políticas a isso se prestavam, como detritos incongruentes com a normalidade humana, e por fim como montanhas de cadáveres.

Portanto, além da cesura histórica de Auschwitz[3] — como paradigma da maior perversão possível do ideal da ciência —, Adorno e Horkheimer sustentavam que o ingresso da humanidade na cultura de massa e na planificação biológica da vida corria grande risco de engendrar novas formas de totalitarismo, caso a razão não fosse capaz de se criticar a si própria ou de superar suas tendências destruidoras.

---

[3] O nome genérico de Auschwitz simboliza hoje o genocídio dos judeus pelos nazistas, ou seja, ao todo, 5,5 milhões de judeus exterminados no âmbito da Solução Final. Em cinco anos, 1,3 milhão de homens, mulheres e crianças foram deportados para o campo de Auschwitz, e 1,1 milhão exterminados, dos quais 90% de judeus. Colocado sob as ordens de Heinrich Himmler, Auschwitz era um complexo industrial composto de três campos: Auschwitz (o campo-base), campo de concentração, inaugurado em 20 de maio de 1940; Auschwitz II-Birkenau, campo de concentração e de extermínio (câmaras de gás e fornos crematórios), inaugurado em 8 de outubro de 1941; Auschwitz III-Monowitz, campo de trabalho para abastecer as fábricas IG-Farben, inaugurado em 31 de maio de 1942. Esses três campos eram complementados por cerca de 50 pequenos campos espalhados pela região e vinculados à mesma administração. O nome de Auschwitz é também o significante do extermínio do gênero humano pelos nazistas, e, portanto, do genocídio dos judeus, ciganos e todos os representantes das raças julgadas impuras. É nesse sentido que o emprego aqui.

Quando fez a cobertura, em 1961, como correspondente do *New Yorker*, do processo de Jerusalém em cujo desfecho Adolf Eichmann, responsável pela eliminação de mais de cinco milhões de judeus,[4] foi condenado à morte,[5] Hannah Arendt colocou-se uma questão idêntica à dos dois autores da *Dialética do Esclarecimento*. Eichmann não era nem sádico, nem psicopata, nem perverso sexual, nem monstruoso, nem acometido por nenhuma patologia visível. O mal estava nele, mas ele não apresentava sinal de qualquer perversão. Em suma, era normal, pavorosamente normal, uma vez que era agente de uma inversão da Lei que fizera do crime a norma.

Por conseguinte, embora confessando as atrocidades que cometera ao enviar milhões de indivíduos para a câmara de gás, atrevia-se a afirmar que se limitara a obedecer ordens, chegando inclusive a negar que pudesse ser anti-semita:[6] "Teria sido reconfortante acreditar que Eichmann era um monstro ...", escrevia Arendt,

> pois ninguém teria feito vir correspondentes de imprensa de todos os cantos do globo com o único fim de exibir uma espécie de Barba Azul atrás das grades. O problema com Eichmann é precisamente que havia muitos que se lhe assemelhavam e que não eram nem perversos nem sádicos, que eram e ainda são pavorosamente normais. Do ponto de vista de nossas instituições e de nossa ética, essa normalidade é muito mais aterradora que todas essas atrocidades reunidas, pois supõe que esse novo tipo de criminoso ... comete crimes em

---

[4] Himmler implementou a Solução Final e Eichmann, sua logística. Quanto a Rudolf Höss, responsável por diversos campos, foi seu principal executor.

[5] Por enforcamento, em 31 de maio de 1962.

[6] "Darei risadas", dissera entretanto, "pulando no túmulo por ter matado cinco milhões de judeus. Eis o que me dará grande prazer e satisfação."

128 A parte obscura de nós mesmos

circunstâncias tais que lhe é impossível saber ou sentir que praticou o mal.[7]

Por essa razão, Arendt considerava que os atos desse tipo de criminoso desafiavam o castigo e que era absurdo punir com a morte o responsável por crimes tão desmedidos. Aliás, Eichmann não sonhava senão com isso: ser enforcado em público e gozar com a própria execução a fim de se julgar imortal, igual a um deus. A ponto de, diante do patíbulo, chegar a desafiar seus juízes afirmando que voltaria a estar com eles um dia, esquecendo-se assim de que assistia à sua própria morte: "Como se, nesses últimos minutos, ele resumisse a lição que nos ensinou este longo estudo sobre a maldade humana: a pavorosa, a inexprimível, a impensável *banalidade do mal*."[8]

Era portanto pela manifestação de uma normalidade extrema que Eichmann encarnava a perversão sob sua forma mais abjeta: gozo do mal, ausência de afeto, gestual automatizado, lógica implacável, culto do detalhe e do episódio mais insignificante, capacidade inaudita de endossar os crimes mais odiosos teatralizando-os para melhor exibir como o nazismo fizera dele uma criatura monstruosa. Pretendendo-se kantiano, dizia a verdade, uma vez que, para ele, segundo Arendt, o caráter infame da ordem dada nada significava diante do caráter imperativo da própria ordem. Assim, tornara-se genocida sem sentir a menor culpa.

Retomando em 1962 a tese de Adorno e Horkheimer, Lacan, num prefácio redigido para *Justine ou Os infortúnios da virtude*, despachava Sade e Kant de mãos vazias. Sem nenhuma dúvida, tomara conhecimento das páginas que Foucault aca-

---

[7] Hannah Arendt, *Eichmann à Jérusalem*, op.cit., p.303.
[8] Ibid, p.227.

bara de dedicar ao "divino marquês" em sua *História da loucura*: "Depois de Sade e Goya, e a partir deles", dizia o filósofo, "a desrazão pertence ao que há de decisivo, para o mundo moderno, em toda obra: isto é, ao que toda obra comporta de funesto e coercivo."[9]

Lacan sustentava erradamente que Sade não antecipava em nada Freud, "inclusive no que se refere ao catálogo das perversões", mas fazia da obra deste, por todos os motivos, o ponto de partida de uma escalada insinuante, através do século XIX, do tema da "felicidade no mal". Sade era então, a seus olhos, o autor de uma nova teorização da perversão, e sua obra, o *passo inaugural* de uma subversão de que Kant havia sido o *ponto de virada*. Segundo essa interpretação, o mal, no sentido sadiano, era apresentado como um equivalente do bem segundo Kant. Com efeito, os dois autores enunciavam o princípio de uma submissão do sujeito à Lei. Porém, segundo Lacan, enquanto Sade fazia surgir o *Outro* na figura do atormentador, trazendo à tona o objeto do desejo (*pequeno a*), Kant trazia à tona o objeto propondo uma teoria da autonomização do sujeito por parte do direito. No discurso sadiano, a obrigação do gozo era declarada e o desejo permanecia na alçada da Lei como instrumento voluntarista da liberdade: "Deves gozar." No discurso kantiano, ao contrário, a condenação à morte do desejo traduzia-se na lei moral: "Deves livrar-te da patologia."

Assim, a moral kantiana originava-se, em virtude da interpretação lacaniana, não de uma teoria da liberdade, mas de uma teoria do desejo na qual o objeto era recalcado. Esse recalcamento era em seguida "esclarecido" pelo discurso sadiano.

---

[9] Jacques Lacan, "Kant com Sade", in *Escritos* (Paris, 1966), Rio de Janeiro, Zahar, 1998. Michel Foucault, *História da loucura na idade clássica* (Paris, 1961), Rio de Janeiro, São Paulo, Perspectiva, 2004.

130 A parte obscura de nós mesmos

Havia portanto simetria entre o imperativo sadiano do gozo e o imperativo categórico de Kant.[10] É efetivamente a partir do acontecimento de Auschwitz que todos esses autores — Adorno, Horkheimer, Foucault, Arendt, Lacan e muito outros mais[11] — tentavam, cada um à sua maneira, detectar uma nova forma de perversão derivada tanto de uma autodestruição da razão quanto de uma metamorfose bem particular da relação com a Lei que autorizara homens aparentemente comuns a cometer, em nome da obediência a uma norma, o crime mais monstruoso de toda a história do gênero humano.

O crime de Auschwitz pretendia efetivamente domesticar a seleção natural das espécies, a ponto de substituí-la por uma ciência da raça fundada numa suposta redefinição biológica da humanidade. Como conseqüência disso, os nazistas haviam se arrogado o direito de decidir quem devia ou não devia habitar o planeta Terra. Da mesma forma, o mal radical era fruto de um sistema que repousava na idéia de que o homem, enquanto tal, podia ser julgado supérfluo. "Há nisso", escreve Saul Friedländer,

alguma coisa que nenhum outro regime, qualquer que fosse seu crime, nunca tentara fazer. Nesse sentido, o regime nazista atingiu, a meu ver, uma espécie de limite teórico exterior: podemos inclusive considerar um maior número de vítimas e de meios de destruição tecnologicamente mais eficazes, mas, quando um regime decide, baseando-se em seus próprios cri-

---

[10] Cf. Elisabeth Roudinesco, *Jacques Lacan: esquisse d'une vie, histoire d'un système de pensée,* Paris, Fayard, 1993, p.408 [ed. bras.: *Jacques Lacan: esboço de uma vida, história de um sistema de pensamento,* São Paulo, Companhia das Letras, 1994]. Não consegui estabelecer com certeza se Lacan tomara conhecimento nessa data das páginas dedicadas por Hannah Arendt ao processo de Eichmann.

[11] Como Primo Levi (ver nota 31).

As confissões de Auschwitz 131

térios, que grupos não têm mais direito de viver sobre a Terra, assim como o lugar e o prazo de seu extermínio, então atingimos o limiar extremo. Do meu ponto de vista esse limite foi tocado apenas uma vez na história moderna, pelos nazistas.[12]

Esta é a singularidade de Auschwitz, diferente de todos os grandes atos de barbárie do século XX — a Kolyma (o gúlag) ou Hiroshima. O nazismo inventou efetivamente um modo de criminalidade que perverte não apenas a razão de Estado, como, mais ainda, a própria pulsão criminal, uma vez que, em tal configuração, o crime é cometido em nome de uma norma racionalizada e não enquanto expressão de uma transgressão ou de uma norma não-domesticada. Nessa perspectiva, o criminoso nazista não poderia ser herdeiro do criminoso sadiano, ainda que, em ambos os casos, o crime fosse o resultado da inversão da Lei. O criminoso no sentido de Sade obedece a uma natureza selvagem que o determina, mas nunca aceitaria submeter-se, como o criminoso nazista, a uma potência estadística que viesse curvá-lo a uma lei do crime. "Os carrascos não têm fala", dizia Bataille, "ou, se falam, é com a fala do Estado."

Convinha então nomear essa singularidade. E eis por que a corte do tribunal de Nuremberg,[13] que veio a julgar quatro tipo de crimes — crimes contra a paz, de guerra, contra a hu-

---

[12] Saul Friedländer, *Memory, History and the Extermination of the Jews of Europe*, Bloomington e Indianápolis, Indiana University Press, 1993, p.82-3. Cf. também a excelente síntese de Enzo Traverso, *Pour une critique de la barbarie moderne: écrits sur l'histoire des Juifs et de l'antisémitisme*, Paris, Page Deux, 1997.

[13] O tribunal militar internacional de Nuremberg foi criado como implementação do acordo assinado, em 8 de agosto de 1945, pela França, os Estados Unidos, o Reino Unido e a União Soviética. Entre 20 de novembro e 1º de outubro de 1945 foram julgados 24 grandes criminosos de guerra nazistas. Foram citados em seguida, perante essa jurisdição, mais de 200 acusados, enquanto outros 1.600 responderam a diversos tribunais militares.

132 A parte obscura de nós mesmos

manidade, e plano premeditado de cometer um desses três crimes —, adotou o termo genocídio.

Forjado por Raphael Lemkin em 1944, esse neologismo[14] ia servir para qualificar um crime contra a humanidade até então desconhecido no vocabulário penal: a destruição física de uma população considerada indesejável em virtude de seu pertencimento a uma espécie, gênero ou grupo,[15] sem que sejam levadas em conta as idéias ou as opiniões dos membros da citada população. O ato genocida, para ser qualificado como tal, devia ser acompanhado da execução intencional, sistemática e planejada do extermínio. Como é compreensível, os massacres de massa, embora organizados pelo Estado, não entram portanto nessa qualificação, a qual supõe implicitamente a existência de uma perseguição extraterritorial. No genocídio, não é simplesmente o *outro* que se busca aniquilar, mas seu *genos*. Daí a idéia de ir procurar a população a ser exterminada para além de qualquer território, de qualquer fronteira, a fim de destruir por várias gerações: filhos, pais, avós.

Nesse aspecto, o genocídio dos judeus foi apontado pelo tribunal de Nuremberg como o protótipo de todos os outros genocídios que pudessem, no futuro, vir a ser reconhecidos pela nova Carta da Organização das Nações Unidas (ONU).[16] Como alguém se torna genocida? Quem são esses carrascos? São todos eles habitados pelo mal absoluto? Que tipo de perversão os impeliu a se tornar coletivamente os assassinos do gênero humano? São *naturalmente* monstros ou, ao contrário,

---

[14] Formado a partir do termo grego *genos* (nascimento, gênero, espécie) e do verbo latino *caedere* (matar).

[15] Étnico, religioso, nacional ou racial. Por extensão, os critérios selecionados pelos genocidas nazistas podiam ser uma deficiência, uma anomalia ou uma sexualidade julgada perversa (doentes mentais, anormais, anões, corcundas, irmãs siamesas, gêmeos, perversos sexuais, homossexuais etc.).

[16] Adotada pela Assembléia Geral da ONU em 9 de dezembro de 1948.

rebentos de uma cultura ou de uma educação? São inteligentes ou estúpidos? São passíveis de remorso e consciência? Como é sua sexualidade? Existe uma especificidade psicopatológica nos autores de genocídios?

Em Nuremberg, portanto, o debate sobre a origem do mal foi relançado. Porém, nesse mundo ocidental laicizado, que, ao engendrar uma ciência perversa, permitira a carrascos tomarem-se por deuses da biologia, a resposta jurídica a essa pergunta não podia fundamentalmente vir senão de uma psicologia científica, e não da religião e da moral.

Numerosos peritos em psiquiatria, psicologia e neurologia — dentre os quais Douglas M. Kelley, Gustave Gilbert e Leon Goldensohn — foram então convocados para efetuar testes e perícias junto aos grandes chefes do nacional-socialismo julgados perante esse tribunal de exceção. Bem ou mal, e a despeito de suas divergências, grande parte deles explicou que apenas a democracia podia contribuir para pôr em xeque a crueldade humana, e que o totalitarismo, ao contrário, possibilitava a exploração do "sadismo"[17] humano com fins homicidas. Em se tratando da especificidade do nazismo, alguns enfatizaram que esse sistema produzira uma espécie nova de "robôs esquizóides assassinos",[18] destituídos de qualquer afeto e de uma inteligên-

---

[17] Como já assinalei, a noção de sadismo, forjada pelo discurso psicopatológico, nada tem a ver com a teoria sadiana do mal.

[18] Gustave M. Gilbert, *Journal de Nuremberg*, Paris, Flammarion, 1948; *Psychology of Dictatorship*, Nova York, Ronald Press, 1950. Gilbert era um oficial de informações americano, falante fluente de alemão e com formação de psicólogo. Considerava, assim como seu colega psiquiatra Douglas M. Kelly, que os criminosos de guerra colocados à sua disposição eram "ratos de laboratório" e se regozijava com isso, ao mesmo tempo em que os cobria de sarcasmos. Julgou Rudolf Höss intelectualmente normal, mas "vítima de uma apatia esquizóide". Quanto a Leon Goldensohn, mais "neutro", reivindicava a tese do complô intencional. Cf. Leon Goldensohn, *Les entretiens de Nuremberg, présentés par Robert Gellately*, Paris, Flammarion, 2004.

cia normal; outros, que os dirigentes nazistas eram vítimas de patologias graves e propensos à depravação; outros ainda, que eles haviam tramado um vasto complô contra as democracias. Num artigo datado de 1960, o psicanalista vienense Ernst Federn, ex-deportado, sustentava, ao contrário dos psiquiatras americanos, que a análise da autobiografia de Rudolf Höss, comandante do campo de Auschwitz, mostrava cristalinamente que este era vítima não de um estado esquizóide, mas de um

> comportamento compulsivo associado a uma incapacidade de formar relações interpessoais significativas, ou então de um temperamento esquizóide de núcleo esquizofrênico, ou ainda de distúrbios de personalidade como podem apresentar pessoas que vão consultar conselheiros familiares ou psiquiatras em meio hospitalar.[19]

Apesar da importância dos testemunhos reunidos, que constituem hoje considerável fonte historiográfica, todas essas abordagens da criminalidade nazista, oriundas da medicina positivista e da psicanálise, são de uma pobreza desconcertante. De fato, elas apresentam o perigoso defeito de tentar provar que, para terem realizado esses atos, os nazistas genoci-

---

[19] Ernst Federn, "Quelques remarques cliniques sur la psychopathologie du génocide", in *Témoin de la psychanalyse* (Londres, 1986), Paris, PUF, 1994, p.83. Lemos nesse mesmo volume a correspondência entre Federn e Robert Wälder. Em vez de se interrogar sobre a psicologia dos carrascos, Bruno Bettelheim, deportado de 1938 a 1939 para Dachau, depois para Buchenwald (antes do extermínio), elaborou o conceito de "situação-limite" para designar condições de vida face às quais o homem pode ou abdicar — identificando-se com a força destruidora constituída tanto pelo carrasco ou o séquito quanto pela conjuntura — ou resistir — praticando a estratégia da sobrevivência, a qual leva o sujeito a construir para si um mundo interior, de tipo autístico, cujas fortificações serão suscetíveis de protegê-lo das agressões externas. Bruno Bettelheim, *Surviving and Other Essays*, Nova York, Knopf, 1952.

As confissões de Auschwitz   135

das eram forçosamente, apesar de sua normalidade aparente, psicopatas, doentes mentais, pornógrafos, desviantes sexuais, toxicômanos ou neuróticos. Em seguida, após Nuremberg, os representantes dessa medicina mental, de tanto designarem Stálin como paranóico e Hitler como histérico com tendências perversas e fóbicas, tiveram a extravagante idéia, durante um célebre congresso de higiene mental, realizado em Londres em 1948, de sugerir submeter todos os grandes homens de Estado a um tratamento psíquico a fim de atenuar seus instintos agressivos e preservar a paz mundial.[20]

Na realidade, o que choca nos depoimentos dos genocidas nazistas é que a pavorosa normalidade de que eles dão prova é efetivamente o sintoma não de uma perversão no sentido clínico do termo (sexual, esquizóide ou outra), mas de uma adesão a um sistema perverso que sintetiza, sozinho, o conjunto de todas as perversões possíveis.

Nos campos, com efeito, todas as componentes de um gozo do mal completamente *estatizado* ou *normalizado* estavam presentes sob formas diversas: escravidão, torturas psíquicas e corporais, tonsura dos cabelos, afogamento, estrangulamento, assassinato, eletrocução, humilhação, aviltamento, estupros, sevícias, degradações, vivissecção, tatuagens, desnutrição, violências sexuais, proxenetismo, experimentos médicos, devoramento por cães etc. Em suma, o conjunto do sistema genocida visava não apenas ao extermínio de todas as categorias ditas "impuras" do gênero humano, mas também à fabricação do "prazer extraordinário", segundo a fórmula de Eugen Kogon,[21] que os carrascos da SS podiam ter nisso. Como prova esse re-

---

[20] Cf. Elisabeth Roudinesco, *Histoire de la psychanalyse en France,* t.2 (1986), Paris, Fayard, 1993, p.194 [ed. bras.: *História da psicanálise na França*, vol.2, Rio de Janeiro, Zahar, fora de catálogo].
[21] Eugen Kogon, *L'État SS*, op.cit., p.27. E Germaine Tillion, *Ravensbrück*, Paris, Seuil, 1988.

lato, que resume o essencial da estrutura perversa típica do nazismo, uma estrutura da qual está excluído todo acesso possível à sublimação — inclusive a sacrificial: "O oficial SS faz sair das fileiras três músicos judeus. Pede-lhes para executarem um trio de Schubert. Abalado por essa música, que ele adora, o oficial SS deixa as lágrimas invadirem-lhe os olhos. Em seguida, uma vez terminada a peça, envia os três músicos para a câmara de gás."[22] Como não pensar aqui no famoso Lazarus Morell, descrito por Borges, que se apresentava como um redentor da humanidade? Ele resgatava os escravos e só os punha em liberdade para melhor se deleitar com o prazer de exterminá-los...[23]

Para além de todas as diferenças que os caracterizavam — Höss não se parece nem com Eichmann, nem com Himmler, nem com Göring —, os genocidas e dignitários nazistas tiveram como ponto comum renegar os atos que haviam cometido. Confessem o crime ou refutem sua existência, a atitude é a mesma. Trata-se ora de negar um ato, ora de fingir ignorá-lo para reportar sua causalidade original a uma autoridade idealizada, como se o "obedeci ordens" pudesse contribuir para inocentar seu autor e deliciá-lo com sua arte da renegação e do travestimento.

E, uma vez que a adesão fanática a um sistema perverso leva a uma renegação primordial do ato, compreendemos por que os genocidas nazistas não se contentaram em negar o crime que haviam cometido. Fizeram questão, por toda parte, de acrescentar à renegação um desmentido suplementar, consumando assim um crime perfeito, que consistia em apagar todo e qualquer vestígio de aniquilamento. Matar o judeu e matar

---

[22] Relatado por Philippe Val, *Traité de savoir-survivre par temps obscurs*, Paris, Grasset, 2007, p.196.

[23] J.-L. Borges, *Historia universal de la infamia*, Buenos Aires/Madri, Emecé/Alianza, col. El Livro de Bolsillo, 2ª ed., 1975, p.28-9. É a mesma estrutura que serve de arquitetura ao romance de Jonathan Littell *As benevolentes*, Rio de Janeiro, Alfaguara, 2007.

também a testemunha da matança, eis o mandamento principal dos responsáveis pelo extermínio. Assim, os Sonderkommando, encarregados pelos SS de esvaziar as câmaras de gás e queimar os corpos nos crematórios, eram escolhidos porque eram judeus e, portanto, destinados a ser exterminados por sua vez a fim de jamais virem a testemunhar o que presenciaram.[24]

Pelas mesmas razões, antes da derrota final, os exterminadores tomaram o cuidado especial de assassinar suas vítimas com todo o vigor, preferindo deixar passar os trens da morte em vez de os de seus soldados.[25] Em seguida, algumas horas antes da chegada das tropas aliadas, destruíram os instrumentos do crime — crematórios e câmaras de gás —, para finalmente destruírem-se a si próprios, como haviam destruído a Alemanha, seja desaparecendo no outro lado do mundo sob diferentes identidades, com o fim exclusivo de nunca reaparecer num mundo odiado suscetível de julgá-los, seja se suicidando.

Em seu bunker, em 30 de abril de 1945, após ter testado em seu pastor alemão[26] a eficiência do ácido prússico que ele também irá ingerir e ministrará a Eva Braun, após desposá-la, Hitler dispara uma bala na cabeça. Logo é imitado por Magda Goebbels, que com o mesmo veneno assassina friamente seus seis filhos, com idades de quatro a 12 anos, antes de se matar com o marido, Josef Goebbels. Por que o cachorro? Por que os seis filhos? Por que essa encenação?

---

[24] Cf. Schlomo Venezia, *Sonderkommando: dans l'enfer des chambres à gaz*, Paris, Albin Michel, 2007.

[25] Cf. Raul Hilberg, *La destruction des Juifs d'Europe*, Paris, Fayard, 1988.

[26] Os nazistas pretendiam-se protetores de certos animais, sobretudo cães e cavalos. Himmler, como vimos, sugeria ser insultante para os animais dizer que os homossexuais comportavam-se como eles. Em sua vida, Hitler só gostou de sua cadela Blondi, e, em *Mein Kampf*, comparava os judeus a ratos, aranhas, sanguessugas, vermes da terra, vampiros, parasitas, bacilos. Göring decretou uma lei contra a vivissecção, mas achava normal retalharem humanos em pedaços.

138 A parte obscura de nós mesmos

A resposta havia sido dada na véspera pelo principal protagonista dessa cena macabra. Em seu testamento, que aliás repetia as imprecações de *Mein Kampf*, Hitler explicava com efeito que a "judalhada internacional" era responsável pela deflagração da guerra e pela derrota alemã, e que, conseqüentemente, todas as vítimas da Solução Final eram na realidade os verdadeiros artífices do crime contra a humanidade que tentavam imputar aos nazistas. Para não viver no futuro nesse mundo dominado por uma "judalhada bolchevizada", tinha então decidido não apenas morrer pelas próprias mãos — com seu cachorro —, mas apagar os vestígios do assassinato consumado ordenando a incineração do seu corpo e do de sua companheira. Goebbels e a mulher farão a mesma coisa matando igualmente os filhos[27] com a ajuda do mesmo ácido utilizado nas câmaras de gás — o Zyklon B.

Tratava-se efetivamente de um suicídio que não se assemelhava em nada a outros suicídios. Nem àquele, orgulhoso e desesperado, de Emma Bovary, nem ao dos membros da Resistência que preferiam se suicidar a falar sob tortura, nem ao dos ex-deportados, nem sequer ao *seppuku* dos generais japoneses da Segunda Guerra Mundial que foram pedir perdão ao imperador pela derrota, segundo a tradição feudal, a fim de que depois deles o povo pudesse renascer.[28]

Ao contrário de todas as outras formas de morte voluntária, o suicídio nazista foi o equivalente pífio do genocídio perpetrado contra os judeus e as raças ditas impuras, um autogenocídio em miniatura, um suicídio perverso, sem nenhum

---

[27] Ian Kershaw, *Hitler, t.2: 1936-1945, Nemesis*, Nova York/Londres, Norton, 2000. Na mitologia grega, Nêmesis, filha da noite, é a deusa que exige que os deuses castiguem a loucura e o descomedimento dos homens.

[28] Cf. Maurice Pinguet, *A morte voluntária no Japão* (Paris, 1984), Rio de Janeiro, Rocco, 1987.

recurso possível à redenção. Ele visava em vão a servir de modelo para a Alemanha inteira. Homens, mulheres, crianças, idosos, feridos, sobreviventes, animais, todos estavam instados a seguir o exemplo de seus chefes e desaparecer para sempre. "Finalmente, o povo alemão que Hitler estava disposto a ver soçobrar com ele", escreve Ian Kershaw,

> revelou-se capaz de sobreviver a ele .... A velha Alemanha estava morta com ele. A Alemanha que o engendrara, que identificara seu futuro em sua visão e o havia servido com tanta boa vontade, em suma, que participara de sua *hybris*, também foi obrigada a partilhar sua *nêmesis*.[29]

E é dessa vontade genocida e autogenocida que irá derivar, contra a necessária *nêmesis*, o negacionismo dos anos 1970. Oriunda de uma historiografia revisionista criada por Robert Faurisson, Paul Rassinier, Serge Thion e a revista *Vieille Taupe*, defendida em seguida por Noam Chomsky em nome de uma visão pervertida do direito à liberdade de expressão, essa corrente conhecida como dos "assassinos da memória"[30] consistirá em conferir inexistência às câmaras de gás, isto é, perpetuar, com uma narrativa em forma de renegação, não apenas o genocídio dos judeus, como também o apagamento de seus traços. Como estrutura de pensamento tão perversa quanto o nazismo, o negacionismo é assim consubstancial ao próprio projeto genocida, uma vez que permite àqueles que o reivindicam perpetuarem o engodo transformando-o num crime perfeito, sem história, nem vestígio, nem lembrança, nem memória.

---

[29] Ian Kershaw, *Hitler*, t.2, op.cit, p.1.199.
[30] Cf. Pierre Vidal-Naquet, *Os assassinos da memória* (Paris, 1987), Campinas, Papirus, 1988.

140 A parte obscura de nós mesmos

Resgatado de Auschwitz, Primo Levi[31] defendia, numa perspectiva bem diferente da de Adorno ou de Arendt, que o sistema genocida estimulava uma supressão da Lei que reconduzia o ser humano às suas raízes biológicas pré-humanas. E, para sustentar sua argumentação, apoiava-se nos trabalhos de Konrad Lorenz, fundador moderno da etologia.

Em 1935, Lorenz efetuara uma junção entre o evolucionismo darwiniano e a antiga zoologia para construir uma teoria biológica do comportamento animal e humano. Descobrira, afirmava, "o elo perdido entre o chimpanzé e o homem civilizado". Quanto à raiz biológica do mal, dirá mais tarde, residia, a seu ver, no fato de que o homem seria, por instinto e de maneira inata, um animal psíquico violento e agressivo. Como conseqüência, a etologia animal devia servir de modelo para um estudo dos esquemas comportamentais comuns ao mundo dos vivos.[32] Nessa perspectiva, o homem não é exceção senão porque seria um matador intra-específico e não uma criatura dotada de linguagem e fala, distinta do mundo da animalidade pela consciência que tem de sua própria existência. Nesse sentido, teria mais a ver com um rato que com outro tipo de animal. No registro da excepcionalidade, com efeito, homem e rato são ambos definidos por Lorenz como os únicos matadores capazes de eliminar seus rivais da mesma espécie, e não

---

[31] Primo Levi permaneceu em Auschwitz III de janeiro de 1944 a fevereiro de 1945 e assistiu à libertação do campo pelas tropas soviéticas. Foi um dos primeiros deportados a dar testemunho de sua experiência nos campos num livro magistral: *E isto é um homem?* (1947), Rio de Janeiro, Rocco, 1988.

[32] Konrad Lorenz, *Os fundamentos da etologia* (1935), São Paulo, Unesp, 1993; *A agressão: uma história natural do mal* (1963), Lisboa, Moraes, col. Manuais Universitários, 1999. Utilizado pela primeira vez por Geoffroy Saint-Hilaire, para designar o estudo do comportamento animal em seu meio natural (zoologia), o termo "etologia" foi retomado por Lorenz no sentido pós-darwiniano de estudo biológico comparado do comportamento animal e humano.

apenas de mantê-los a distância.[33] Lorenz propõe então substituir a fórmula "O homem é o lobo do homem"[34] por uma outra, mais cientificamente correta: "O homem é o rato do rato", o lobo sendo um animal considerado normal, incapaz de ser um matador intra-específico.

A partir da leitura dos trabalhos de Lorenz, Primo Levi sustentava então que Auschwitz resultava claramente de uma inversão da razão. Mas fazia desse sistema o sintoma de um despertar no homem de seus instintos mais assassinos. A aparência modesta e banal dos genocidas, dizia em suma, coincide plenamente com a racionalidade anônima e cega das grandes instituições modernas.

Entretanto, Levi julgava que Auschwitz, verdadeiro "buraco negro" na história da sociedade ocidental, era ao mesmo tempo assimétrica com relação à razão e inerente à própria vida. Em outros termos, a seus olhos, a experiência genocida, enquanto parte maldita da história da humanidade, só podia ser cognoscível através de uma história memorial — o testemunho das vítimas — ou uma história reconstruída — a dos historiadores. Em contrapartida, ela permanecia, segundo ele, incompreensível a partir do momento em que se tentava apreendê-la do ponto de vista de seus artífices: os carrascos. E esperava que isso jamais fosse possível:

> Os criadores de Auschwitz ... são aplicados, tranqüilos e superficiais. Suas discussões, declarações, testemunhos — pre-

---

[33] Lorenz estava enganado: diversos animais são efetivamente capazes de se matarem mutuamente de maneira não-excepcional, o que aliás não significa que sejam criminosos ou exterminadores à maneira dos homens. Pois é a lei dos homens que define o crime e a consciência do crime, e não as leis da natureza, nem as da biologia.

[34] Criada por Plauto (*Homo homini lupus*), a fórmula foi popularizada pelo filósofo inglês Thomas Hobbes.

142 A parte obscura de nós mesmos

sentes e póstumos —, são frios e vazios. Não conseguimos compreendê-los ... . Esperamos que o homem capaz de comentá-los e de explicar por que razão, no coração da nossa Europa e do nosso século, o mandamento "Não matarás" foi destruído não nasça tão cedo.[35]

Muito felizmente, tanto em seus depoimentos como em seus artigos, Primo Levi desobedece às próprias teses.[36] Com efeito, graças a ele e graças a todos os relatos de deportados, sabemos que o nazismo, enquanto empreendimento de desumanização extrema do homem pelo homem, só podia ser inventado pelo gênero humano, e, pior que isso, não por bárbaros vivendo no estado selvagem, ou segundo os preceitos de uma horda darwiniana revisada e corrigida pela etologia de Lorenz, mas por um dos povos mais civilizados da Europa. Seja qual for seu tipo de agressividade, e seja qual for a organização de seus instintos, o animal jamais experimenta o menor gozo com o mal. Repetimos: ele não é nem perverso nem criminoso.

A propósito, quando Himmler teve a idéia de substituir em Auschwitz as sentinelas dos campos por cães, ou ainda obrigá-los a vigiar os detentos, os testes não deram o resultado esperado. Mesmo treinados na devoração de prisioneiros, os cães do *Lager* jamais conseguiram se igualar aos nazistas, que haviam feito deles tanto assassinos quanto vítimas. A "besta imunda" não é o animal, mas o homem.

Quanto aos testemunhos dos carrascos, sabemos hoje que trouxeram, assim como os dos sobreviventes, uma contribuição essencial à compreensão do mecanismo do extermínio dos

---

[35] Primo Levi, *L'Asymétrie et la vie* (Turim, 1997), Paris, Laffont, 2004, p.62.
[36] Primo Levi, *E isto é um homem?*, op.cit.; *Os afogados e os sobreviventes: os delitos, os castigos, as penas, as impunidades* (1986) Rio de Janeiro, Paz e Terra, 2004.

As confissões de Auschwitz   143

judeus.[37] E é a Primo Levi que devemos um dos melhores co-
mentários da autobiografia de Rudolf Höss:

> Como eram aqueles do "outro lado"? Eram todos maus? Seus
> olhos não refletiam jamais a menor luz humana? Este livro
> responde de maneira exaustiva a essa pergunta. Mostra com
> que facilidade o bem cede ao mal, é assaltado e submergido
> pelo mal, não sobrevivendo em seguida senão sob a forma de
> ilhotas grotescas: uma vida familiar bem organizada, o amor
> à natureza, um moralismo vitoriano.[38]

Escrita em 1946, a pedido de Gilbert, o psicólogo do tribunal de Nuremberg, e dos advogados de Höss, essa autobiografia[39] era destinada a impor as "qualidades humanas" de seu autor perante o tribunal supremo polonês, que devia julgá-lo por
seus crimes: extermínio de quatro milhões de pessoas, torturas,
profanações de cadáveres, execuções, experimentos médicos
etc. Trata-se então de um documento único, uma vez que, no
dia seguinte à derrota da Alemanha, a prova da existência das
câmaras de gás é proporcionada justamente por aquele que,
em Auschwitz, havia sido seu pioneiro.

---

[37] A esse respeito, podemos ler com interesse o depoimento de Franz Stangl,
comandante de Treblinka, colhido por Gitta Sereny, *No meio das trevas* (Londres, 1974), Rio de Janeiro, Otto Pierre Editores, 1988. Em *Shoah* (1986),
Claude Lanzmann dá voz aos carrascos e às vítimas segundo dois regimes
de linguagem radicalmente antagonistas.

[38] Primo Levi, *L'Asymétrie et la vie*, op.cit., p.152. Trata-se do prefácio à
edição italiana de Rudolf Höss, *Der Kommandant von Auschwitz spricht*
[ed. fr. *Le commandant d'Auschwitz parle* (1947), Paris, La Découverte/Po-
che, 2005, prefácio e posfácio à edição francesa por Geneviève Decrop].

[39] O relato é composto de dois textos: um, datado de novembro de 1946, e
utilizado contra Ernst Kaltenbrunner em Nuremberg em abril do mesmo
ano, narra em detalhe a "Solução Final" do problema judeu no campo de
concentração de Auschwitz; o outro, datado de fevereiro de 1947, constitui a
autobiografia propriamente dita.

Certo de ser executado,[40] Höss procura, com seu depoimento, não negar os atos genocidas que cometeu, mas explicá-los. Em outros termos, ao contrário da maioria dos réus de Nuremberg, que se eximiram de toda a responsabilidade, e sabendo que Himmler se suicidara e Eichmann fugira, ele decide, após ter sido capurado, confessar e justificar o crime coletivo a fim de se tornar, para a posteridade, não um execrável assassino, mas uma espécie de herói de bom coração. Compreendemos então por que a autenticidade desse texto foi contestada pelos negacionistas, que, detectando diversos erros ao longo das páginas, não cessaram de afirmar, desafiando toda a historiografia contemporânea, que ele fora todo inventado e ditado sob coação a seu autor. Höss conta sem reservas como se tornou o maior chacinador de todos os tempos. E, no caso, a perversão de que dá provas em seu relato não reside nem na negação do ato cometido, nem no apagamento dos vestígios destes, nem sequer no recurso à submissão a uma ordem infame, que o teria transformado em escória — como fará Eichmann durante seu processo —, mas numa estarrecedora metamorfose das causalidades invocadas, a qual o faz acreditar, com toda a sinceridade, que as vítimas são as únicas responsáveis pelo seu próprio extermínio. Segundo ele, elas teriam querido e desejado sua destruição. Em conseqüência, os carrascos seriam meros executantes de uma vontade autopunitiva das vítimas, elas próprias desejosas de se libertar das perversões que as caracterizam, em virtude de seu pertencimento a uma raça impura. Com esse raciocínio, Höss pode apresentar-se, a seus próprios olhos, como benfeitor de uma humanidade em sofrimento, aceitando que os

---

[40] A Leon Goldensohn, encarregado de periciá-lo e que lhe pergunta qual devia ser seu castigo, Höss responde: "Ser enforcado", assinalando com isso não que merecia a morte, mas que sua sorte seria a mesma da dos outros acusados. Cf. *Les entretiens de Nuremberg*, op.cit., p.381.

As confissões de Auschwitz   145

deportados, culpados de viverem uma existência inútil, lhe ofereçam suas vidas precipitando-se para as câmaras de gás: "Que o grande público continue então a me considerar uma besta feroz, um sádico cruel, o assassino de milhões de seres humanos — as massas não poderiam fazer outra idéia do ex-comandante de Auschwitz. Elas nunca compreenderão que, eu também, tinha um coração..."[41]

Para conseguir propagar uma tal imagem de si mesmo, Höss relata sua tranqüila infância camponesa e católica entre um pai grotesco, de uma rigidez terrível, e uma mãe completamente estúpida.[42] Ao mundo urbano, julgado corruptor, ele opõe a bela natureza da Floresta Negra até o dia em que, raptado por um bando de ciganos da Boêmia, enquanto brinca na orla do bosque, a desidealiza, a ponto de se sentir perseguido por sua presença. Da mesma forma, prefere então a companhia dos animais à dos humanos. E, quando sua mãe se preocupa com o amor imoderado que ele dedica a seu pônei, Rudolf se refugia na leitura de histórias de bichos para ali encontrar com o que alimentar seu desejo de reparar seus erros: "O pônei era meu único confidente, apenas ele, eu acreditava, era feito para me compreender ... . A afeição familiar e fraterna não estava em minha natureza ... . Eu era temido pelos meus colegas porque me empenhava impiedosamente em reparar toda injustiça de que me via vítima."[43]

Enquanto planeja, aos 13 anos e por conselho do pai, ingressar na religião e já se vê missionário na África, empenhado em abater os ídolos e levar aos nativos as dádivas da civilização,

---

[41] Rudolf Höss, *Le commandant d'Auschwitz parle*, op.cit., p.222.

[42] Em *La mort est mon métier* (Paris, Gallimard, 1952), Robert Merle forjou uma infância diabólica para Rudolf Höss baseando-se na autobiografia deste e nas anotações registradas por Gilbert. É também da mesma forma que Norman Mailer cria uma infância terrível para Hitler, fazendo o diabo aparecer sob a forma do destino (*O castelo na floresta*, São Paulo, Companhia das Letras, 2007).

[43] Rudolf Höss, *Le commandant d'Auschwitz parle*, op.cit., p.47

é traído pelo seu confessor. Este relata a seus pais uma confidência que ele lhe fizera relativa a um incidente banal ocorrido na escola e durante o qual ele tinha, sem querer, empurrado um aluno. É o bastante para que, bruscamente, Rudolf perca a confiança na religião, a ponto de decidir nunca mais confessar seus erros a um humano e instaurar com um Deus superior uma relação secreta e privilegiada: "Deus ouvira minhas preces e aprovava meu comportamento ... . A verdadeira fé, a profunda fé infantil não existia mais."[44]

Em 1915, entra no exército, decidido a fazer carreira de oficial como seu pai e seu avô. Órfão, e animado por uma forte pulsão agressiva, pensa apenas em encontrar "o inimigo", e é na frente turca, na Palestina, que mata a sangue-frio e a queima-roupa um soldado do Exército da Índia, um hindu, como ele diz: "Meu primeiro morto, rompi o círculo mágico."[45] Como muitos alemães de sua geração, convencidos de pertencer a uma casta de eleitos, viu como uma humilhação a derrota de seu país, e mais ainda o tratado de Versalhes, que sente como uma degradação dos valores em que acredita. E, como se tornara soldado por ódio à humanidade, e após ter se sentido traído pela Floresta Negra, pela família, pela religião e, portanto, pelo deus dos cristãos, nunca poderá amar, pelo resto de sua vida, senão homens de guerra identificados com deuses e educados para a servidão.

Já condecorado com a Cruz de Ferro, engaja-se, em 1919, no corpo franco de Rossbach e parte para combater nos países bálticos. Ali, descobre que "o inimigo está em toda parte" e que os letões comportam-se contra os alemães como verdadeiros chacinadores:

> Quantas vezes não presenciei o espetáculo pavoroso de choupanas queimadas e corpos de mulheres e crianças carboniza-

---

[44] Ibid., p.49.
[45] Ibid., p.52.

dos? Eu mesmo ficara petrificado com esse quadro terrível quando o vi pela primeira vez. Parecia-me então que a loucura destruidora dos homens havia atingido seu paroxismo e que ninguém podia ir além daquilo.[46]

Entretanto, é para esse "além" que ele orienta sua vida, admirando acima de tudo os corpos francos, futuros batalhões do hitlerismo, nos quais se reúnem, numa Alemanha exangue e devastada pelo anti-semitismo, os destroços do antigo exército do Kaiser, os desempregados, os aventureiros, os miseráveis, os revanchistas, os medíocres; em suma, um povo inteiro arrebatado pela busca de uma inversão da Lei suscetível de lhe proporcionar a coerência de uma nova ordem normativa fundada no crime, na morte e na abjeção.

Em 1922, Höss adere ao partido nacional-socialista. Um ano mais tarde, comete seu primeiro assassinato político — um professor primário comunista, Walter Kadow, suspeito de ter entregado um patriota alemão aos franceses. Condenado a dez anos de prisão, nega aos tribunais de seu país o direito de julgá-lo. Afinal, esses tribunais não estão infiltrados por estrangeiros, judeus e comunistas? Preso, Höss vê-se a si mesmo como uma vítima, e, em seguida, aproveita-se de seu confinamento na prisão de Brandemburgo para se iniciar, sem nenhum sentimento e em toda a inocência, em sua futura profissão de genocida.

Com um gozo infinito, aprende, durante quatro anos, a classificar e hierarquizar a população carcerária. Em contato com "a elite" da fauna criminosa berlinense, aprende o "verdadeiro sentido da vida": submeter-se às regras mais estúpidas, não aceitar o menor privilégio, jamais dar provas de fraqueza e denegrir toda forma de melhoria da condição penitenciária. Livre graças à anistia, e não agüentando viver de outra forma

---

[46] Ibid., p.57.

senão sob o jugo de uma comunidade disciplinar, entra para a seita dos Artamanos, que se atribuíram como missão criar, em pleno desenrolar das campanhas alemãs, fazendas-modelo nas quais humanos de raça superior poderiam finalmente coabitar com seus êmulos, os animais, imunes a qualquer contato com os homens impuros. Foi lá que Höss encontrou a mulher que se tornaria sua esposa e lhe daria cinco filhos sem nunca compreender qual era, em Auschwitz, a natureza exata das atividades de seu marido. A estupidez, novamente a estupidez tão bem denunciada por Flaubert.

Em 1934 começa para Höss, apoiado por Himmler, a ascensão a todos os escalões da SS. A princípio Waffen SS, depois membro do Totenkopftverband (Unidade "Cabeça de Morto"), e, finalmente, sob os auspícios do sinistro Theodor Eicke, Blockführer em Dachau até 1938, inicia-se com zelo no ofício de torturador, persuadido de que, tendo sido ele próprio recluso e sentindo uma imensa compaixão pelos prisioneiros, deve ser, a seu respeito, o mais feroz dos homens.

E, para provar a que ponto está à altura da nova tarefa, observa escrupulosamente o comportamento dos guardas. Distingue os perversos, insensíveis à piedade e capazes de infâmia, os indiferentes, que obedecem às ordens, e, por fim, os benevolentes, que se deixam engambelar pelos detentos. E disso deduz que, para melhorar as condições de detenção no interior dos campos, era preciso garantir uma promoção rápida para os guardas mais perversos: assim, a eficiência da condenação à morte, das humilhações, das punições e das torturas seria decuplicada.

Se defende os vigias mais perversos, Höss dedica um ódio particular a outros perversos, cujos comportamentos não cessa de hierarquizar para melhor os enviar para a morte. Um dia, ao lidar com um príncipe romeno obsedado sexual, masturbador, fetichista, invertido e inteiramente tatuado, sente um prazer especial em humilhá-lo e espioná-lo. O homem hesita em se despir, receando que descobrissem, gravada em seu corpo, uma profusão de cenas pornográficas. E, quando Höss, arrebatado pelo próprio voyeurismo, pergunta-lhe onde ele arranjou aquele álbum vivo, o romeno responde que os desenhos, que serviram de modelos para suas tatuagens, provêm de uma coleção selecionada no mundo inteiro.

Para acentuar seu desespero e fazê-lo sofrer mais, Höss obriga-o então a trabalhar em condições execráveis. Ao constatar algumas semanas mais tarde que a causa da morte do romeno provém de seu "vício sexual" e não do abominável tratamento que lhe infligiram, Höss pede ao Reichsführer que convoque a mãe à cabeceira do cadáver de seu filho. E então ele conta a que ponto esta se sentiu aliviada. "Esta morte", escreve ele,

era uma bênção do céu para ela e para ele próprio. Ele se tornara intolerável em toda parte em função de sua vida sexual desregrada. Ela se dirigira aos mais ilustres especialistas de toda a Europa, mas sem o menor sucesso .... Desesperada, aconselhara-o o suicídio; ele não tivera coragem para isso. Agora pelo menos ele encontrara a paz... Ainda hoje, sinto calafrios ao pensar nele.[47]

O relato desse episódio permite então a Höss, mais uma vez, apresentar-se como um benfeitor da humanidade. Por meio desse homicídio redentor, diz ele em suma, não apenas conseguiu, sob as ordens de seu superior, eliminar da superfície da Terra uma criatura perversa, como também soube, em sua misericórdia, atender ao anseio de uma boa mãe, preocupada, em seu infortúnio, em se desvencilhar de um rebento irrecuperável. Como se não bastasse, Höss ousa afirmar que, pela humilhação sofrida, a vítima teria sido libertada de um destino indigno. Daí

---

[47] Ibid., p.117.

o calafrio que lhe percorre à idéia de que, sem a sua vigilância, aquele sub-homem assim tão vil poderia ter dado livre curso à sua miserável existência. Convinha exterminá-lo porque o desejo de extermínio provinha dele, e não do carrasco.

Transferido para Sachsenhausen quatro anos mais tarde, como Hauptsturmführer, Höss completa seus testes de resistência, convencido de que seu dever lhe impõe recalcar seus estados de alma. Na realidade, quanto mais imundo se torna, à medida que se inicia na logística do universo carcerário — melhorando a expertise, a contabilidade, a rentabilidade —, mais tem a sensação de ingressar na raça dos eleitos, deliciando-se assim em cumprir as ordens. Confronta-se então com outros reclusos, designados como "inimigos da Alemanha" por motivos de pacifismo: as testemunhas-de-jeová.[48]

E, como tem a missão de massacrá-las às centenas, descobre nelas todas as qualidades possíveis, descreve-as como trabalhadores conscienciosos, que apreciam os castigos e a prisão. Assim, compraz-se em vê-las precipitarem-se em meio a cantorias para o pelotão de execução: isso prova, diz ele, que elas aspiram ao seu próprio extermínio a ponto de se desumanizarem para se juntarem ao seu deus.

Instalaram-se diante de um painel de madeira que servia de alvo com rostos iluminados, irradiando uma alegria que nada mais tinha de humano. Era assim que eu imaginava os primeiros mártires do cristianismo, de pé na arena esperando para serem devorados pelos animais ferozes. Com uma expressão de alegria extasiada ... aqueles homens receberam a morte. Todos os que haviam assistido à execução — incluindo os soldados do pelotão — estavam profundamente comovidos.[49]

---

[48] Que ele chama de "partidários da Bíblia".
[49] Rudolf Höss, *Le commandant d'Auschwitz parle*, op.cit., p.110.

As confissões de Auschwitz   151

Em 4 de maio de 1940, Höss assume as funções de comandante de Auschwitz. Nelas permanecerá até 11 de novembro de 1943, a tempo de implementar a Solução Final e inventar, por iniciativa de Karl Fritzsch, um novo método de extermínio bastante eficaz: asfixia por gás mediante a introdução de pastilhas de ácido prússico (ou Zyklon B), nos orifícios das câmaras de gás.[50] Em novembro de 1943, é nomeado chefe da seção política da inspeção dos campos (WVHA), enquanto sua família permanece em Auschwitz até o verão de 1944. Em seguida supervisionará a organização da Solução Final e depois a retirada dos detentos antes da chegada das tropas soviéticas.[51]

Sempre igualmente observador, malgrado o tédio que lhe causa o enorme trabalho que é obrigado a produzir, ele continua a classificar os detentos segundo as categorias definidas anteriormente e que correspondem, mais ou menos, àquelas simbolizadas pelos famosos triângulos: vermelho para os políticos, preto para os associais, marrom para os ciganos, verde

---

[50] Höss engana-se quando data a ordem de extermínio total dos judeus por Himmler do verão de 1941. Aliás, declara que não se lembra mais da data exata. Na verdade, Himmler pediu para ele elaborar planos com vistas ao extermínio em massa dos deportados, e é com efeito em agosto e setembro de 1941 que acontecem as primeiras mortes por gás de prisioneiros soviéticos. Mas é mais tarde, após a reunião, convocada por Hitler em Berlim, em 12 de dezembro de 1941, dos principais líderes do Partido Nacional-Socialista, e após a conferência de Wannsee em 21 de janeiro de 1942, que a Solução Final é lançada, tendo como objetivo o extermínio, no prazo de um ano, de 11 milhões de judeus europeus. Pela ação de Höss e de seus sucessores, Auschwitz irá tornar-se então a maior fábrica de morte de todo o sistema concentracionário nazista até a chegada das tropas soviéticas em 27 de janeiro de 1945. Cf. Florent Brayard, *La Solution Finale de la question juïve: la technique, le temps et les catégories de la décision*, Paris, Fayard, 2004.
[51] WVHA: Wirtschafts- und Verwatlungshauptamt, Escritório Central de Economia e Administração da SS. Höss passou ao todo nove anos de sua vida na administração dos campos, dos quais três e meio em Auschwitz.

para os criminosos comuns, cor-de-rosa para os homossexuais, amarelo para os judeus.[52]

Da mesma forma Höss considera os russos, os poloneses e os comunistas como sub-homens, enquanto vê os ciganos como os mais estúpidos, provavelmente uma maneira de conjurar, por um massacre permanente, o terror que outrora lhe inspiraram os zíngaros boêmios da Floresta Negra. Eles não compreendem, diz em suma, por que estão ali: "Em Auschwitz, eles me causaram muitos problemas, mas eram, se me atrevo a dizer, meus detentos preferidos ... . Eu teria me interessado mais por suas vidas se não tivesse sentido um terror perpétuo ao pensar na ordem que recebi para liquidá-los."[53]

É naturalmente aos judeus que Höss concede o prêmio da vileza, ao mesmo tempo em que afirma nunca ter sentido a menor hostilidade a seu respeito. Chega inclusive a condenar o anti-semitismo pornográfico de Julius Streicher,[54] que, a seus olhos, ridiculariza o anti-semitismo "sério". Descreve os judeus como criaturas ignóbeis que poderiam muito bem ter fugido da Alemanha em vez de atulhar os campos de concentração e obrigar assim os infelizes SS a exterminá-los. Personificação do mal, perverso entre os perversos, o judeu seria assim, segundo a classificação de Höss, responsável pelo ódio que suscita e portanto pela necessidade de sua própria condenação à morte. "Conheço o caso de um judeu", conta ele horrorizado com tanta perversão, "que mandou um enfermeiro arrancar-lhe

---

[52] Enquanto "conspurcadores raciais" da pior espécie, os judeus tinham, sob um primeiro triângulo, um segundo, amarelo, disposto em sentido inverso, o que formava uma estrela de seis pontas. Cf. Eugen Kogon, *L'État SS*, op.cit., p.42. A categoria *Nacht und Nebel* (NN, noite e neblina) correspondia a prisioneiros que deviam ser julgados e executados em segredo.

[53] Rudolf Höss, *Le commandant d'Auschwitz parle*, op.cit., p.157.

[54] Julius Streicher (1885-1946): fundador e redator-chefe do jornal anti-semita *Der Stürmer*. Apontado como culpado de crimes contra a humanidade pelo tribunal de Nuremberg, foi enforcado.

As confissões de Auschwitz   153

as unhas do pé, enfermeiro ao qual ele dera de presente uma caixa de cigarros, conseguindo assim ser hospitalizado."[55]

Não contente em acusar a vítima em situação extrema de ser a única culpada pelas sevícias que ela se inflige para sobreviver, Höss introduz subcategorias internas à sua classificação. Dessa forma, distingue judeus ainda mais imundos que outros: as mulheres judias, mais depravadas que os homens; os intelectuais judeus, capazes de corromper os outros judeus a fim de escapar a um destino comum; e finalmente os Sonderkommando, os mais ignóbeis de todos, uma vez que organizam o extermínio de seus irmãos e, sobretudo, porque adquiriram o poder de driblar em benefício próprio a vigilância dos cães, mesmo os mais adestrados, impedindo-os assim de agirem como matadores. O Sonderkommando é, portanto, para Höss a encarnação do mal absoluto. Mais perverso que os outros perversos — e logo mais judeu que os outros judeus na hierarquia da abjeção —, é designado como o verdadeiro genocida de seus congêneres e, pior ainda, como o senhor do reino animal.

Em sua confissão, Höss fala de sua vida privada, omitindo zelosamente mencionar a relação carnal que teve com uma detenta de triângulo verde que ele tentou assassinar quando estava grávida.[56]

Puritano e virtuoso, não bebe nem fuma, veste um dólmã modesto, ama sua mulher, junto à qual ameniza suas angústias, embora ela não compreenda o que se passa fora da casinha em que moram com os filhos. À noite, quando a tristeza o invade, refugia-se junto a seus cavalos, na estrebaria. Ao longo de toda a duração de sua experiência da Solução Final, zela para dar uma boa educação aos filhos, cercando-os com seus animais

---

[55] Rudolf Höss, *Le commandant d'Auschwitz parle*, op.cit., p.158.
[56] Höss foi acusado de abuso de poder pelo juiz SS Konrad Morgen, mas o caso foi logo abafado. Cf. Hermann Langbein, *Hommes et femmes à Auschwitz*, Paris, Fayard, 1975, p.391.

predileto: patos, cobras, gatos. Em casa, é servido por detentos: um jardineiro, uma cozinheira. Quando sua mulher oferece recepções, adquire víveres ilegalmente sem jamais pagar por eles. Totalmente limitado e completamente estúpido, Höss não domina, nas palavras mesmas de Eichmann, a complexidade do extermínio: "Ele não era um comandante de campo de concentração feroz, cruel e limitado. Não. Era um homem habituado a julgar-se a si próprio, um homem que gostava de prestar-se contas do que fazia."[57] Gosta tanto de verificar tudo por si mesmo que um dia entra na câmara de gás. Deseja saber, diz, como se morre, angustiado com a idéia de fazer as vítimas sofrerem. E então produz-se o milagre: ao contemplar os rostos e corpos "sem crispação" dos mortos, sente-se tranqüilizado. Quando sabemos, pelos depoimentos dos Sonderkommando, a que ponto os corpos e rostos das pessoas asfixiadas estampavam tormento, intumescência e deterioração, e quão intolerável era o cheiro que emanava daquele inferno de excrementos, putrefação e aniquilamento, avaliamos o poder da renegação perversa pela qual Höss consegue convencer-se a si próprio daquilo que não quer ouvir, nem ver, nem sentir. No gozo que é o seu nesse instante, exprime-se de maneira terrível esse real da pulsão de morte em estado bruto que caracteriza o universo nazista.

Ao saber do suicídio de Hitler, pensa em se proporcionar a morte junto com a mulher, mas hesita por causa dos filhos. Mais tarde irá arrepender-se dessa decisão: "Deveríamos ter morrido. A morte nos teria poupado muitos sofrimentos, sobretudo para minha mulher e meus filhos. Não sei o que ainda os aguarda. Mas sei que deveríamos ter perecido com o mundo ao qual nos prendiam laços indestrutíveis."[58]

---

[57] Depoimento de Adolf Eichmann, in Léon Poliakov, *Auschwitz*, Paris, Julliard, col. Archives, 1964, p.186.
[58] Rudolf Höss, *Le commandant d'Auschwitz parle*, op.cit., p.210.

Höss foi enforcado em 16 de abril de 1947 em frente à entrada do crematório de Auschwitz.

Imerso na banalidade do mal, impregnado por uma incrível estupidez, obsedado pela rejeição radical de um deus enganador, identificado com o vazio de uma vida grotesca e com a inconsistência de um Führer idolatrado, Höss não era nem Sade nem Gilles de Rais, mas um misto de Thénardier e de Homais disfarçado de Javert. Sua reles trajetória de criminoso de Estado foi beneficiada pela instauração na Alemanha, em circunstâncias trágicas, de um poder fundado no advento de uma biocracia[59] cujo ideal havia sido metamorfoseado em seu contrário e no ódio a um mundo que não fosse submetido ao princípio de uma rigorosa seleção dos homens por outros homens.

Centenas de livros foram escritos sobre as origens do nazismo, e, não obstante, somos obrigados a constatar que não esgotam totalmente o tema, tão grande é a interação entre fanatismo, messianismo, pulsões patológicas, anti-semitismo, decretos administrativos, reações arcaicas, cientificismo, ocultismo, intencionalismo, funcionalismo etc.

Já se falou muito, apoiando-se na noção de banalidade do mal, que, nessas circunstâncias, qualquer um podia tornar-se nazista, até mesmo genocida. Em seguida afirmou-se que bastava homens comuns serem condicionados, adestrados e formatados para se transformarem em carrascos sedentos de sangue,

---

[59] O melhor trabalho sobre a questão da biocracia — depois de Paul Weindling (*L'Hygiène de la race*, op.cit.) — é o de Benoît Massin, *Le savant, la race et la politique: la conversion de la science de l'homme allemande à la science de la race (1890-1914). Histoire politique d'une discipline scientifique et contribution à l'étude des origines du racisme nazi*, tese da École des Hautes Études en Sciences Sociales (Ehess), sob a orientação de Jean-Pierre Peter, 2003. E também Benoît Massin, "Anthropologie raciale et national-socialisme: heurs et malheurs du paradigme de la race", in Josiane Olff Nathan, *La science sous le Troisième Reich*, Paris, Seuil, 1993.

156   A parte obscura de nós mesmos

capazes de destruir seus semelhantes sem sentir o menor afeto.[60] Tudo isso é inexato, e esses argumentos derivam de uma concepção da psique humana fundada na crença em uma validade infalível da teoria do condicionamento, proveniente dos trabalhos bastante discutíveis de Lorenz ou de Stanley Milgram.[61]

Na realidade, se foi de fato necessária a participação de uma imensa população de burocratas, alcagüetes, caminhoneiros, funcionários, soldados, oficiais, juristas, cientistas e empregados de todo tipo[62] para que fosse implantado o extermínio dos judeus da Europa, isso não significa que todo personagem capturado pela espiral desse sistema fosse capaz de se tornar Rudolf Höss. E os altos responsáveis pela Solução Final sabiam disso plenamente, uma vez que selecionaram, para dirigir as fábricas da morte, funcionários SS de uma têmpera particular.

A história de Kurt Gerstein revela, com todas as evidências, as insuficiências da tese do condicionamento. Depois de ter se oposto ao nacional-nacionalismo, esse engenheiro de minas, profundamente crente, integrou-se à Waffen SS para ser em seguida nomeado responsável pelo fornecimento do Zyklon B aos campos de extermínio. Horrorizado diante das asfixias por gás, começou imediatamente, de forma bastante ambivalente por sinal, a sabotar os produtos de que era encarregado e tentar humanizar o morticínio das vítimas. Sobretudo, longe de

---

[60] É notoriamente a tese de Daniel Jonah Goldhagen, *Os carrascos voluntários de Hitler*, São Paulo, Companhia das Letras, 1997. Para a crítica desse livro, remetemos ao excelente artigo de Philippe Burin: "Aux origines du 'mal radical': le génocide des Juifs en débats", *Le Monde Diplomatique*, jun 1997.

[61] Stanley Milgram (1933-84): psicólogo americano, inventor de um experimento dito de "submissão à autoridade", que consiste em colocar experimentalmente um sujeito em situação de obedecer, por condicionamento, a uma ordem aflitiva contrária à sua consciência (*Soumission à l'autorité*, Paris, Calmann-Lévy, 1974).

[62] Raul Hilberg, *Exécuteurs, victimes, témoins: la catastrophe juive, 1933-1945* (1992), Paris, Gallimard, 1994.

As confissões de Auschwitz   157

aderir à idéia de supressão dos vestígios, tão característica da criminalidade nazista, procurou (em vão) informar aos Aliados sobre a implementação da Solução Final, da qual participava. Agente duplo, pró e contra si mesmo, Gerstein entregou-se às autoridades francesas, que o consideraram um criminoso nazista, enquanto em sua cela ele redigia justamente o primeiro depoimento da história acerca da existência das câmaras de gás. Incriminado por cumplicidade de assassinato, sentindo-se de certa forma abandonado por Deus e punido pelos homens, enforcou-se, em julho de 1945, na prisão do Cherche-Midi. Reabilitado por seu biógrafo, Saul Friedländer, e homenageado a título póstumo por um escritor e um cineasta que fizeram dele um herói rebelde e impotente, ambíguo e místico, hesitando entre o bem e o mal, é hoje visto como um Justo.[63]

Servo de Deus, Gerstein recusa-se portanto à submissão à ordem infame ao mesmo tempo em que continua a aderir a um sistema cuja perversão ele denuncia ao preço da própria morte, como para punir a si mesmo por ter-se engajado no campo da inversão da Lei. Ao contrário, diante do espetáculo do extermínio, Höss já está convencido de sua necessidade, em virtude de sua crença na divindade da raça dos senhores. Em outras palavras, longe de ser um simples executante que se contenta em obedecer aos seus superiores, ele se submete às ordens apenas porque aprova, previamente, a ordem vil que lhe será dada. E, embora se queixe incessantemente de ter de realizar uma tarefa ignóbil, é apenas para melhor se deleitar em realizá-la e se queixar na mesma ocasião. E — perversidade suprema — precisa, para se metamorfosear em chacinador, travestir-se em moralista, logo num denunciador dos vícios de suas vítimas. Portanto, a perversão de Höss repousa na ausência, em seu

---

[63] Saul Friedländer, *Kurt Gerstein ou l'Ambiguïté du bien*, Paris, Casterman, 1967. Rolf Hochhuth, *Le vicaire*, Paris, Seuil, 1953. Costa-Gravas, *Amen*, 2002.

comportamento, de toda forma de perversão visível e na propensão a encarnar o bem. Nesse aspecto, é o aluno perfeito de Eichmann: vazio, uniforme, inconsistente, limitado, normal. Tão perverso quanto Höss, mas de maneira diversa, Josef Mengele era um puro produto da ciência institucional alemã. Oriundo de uma família de industriais católicos e muito cedo fascinado pelo mundo dos anormais, decerto poderia ter vindo a ser, se as circunstâncias fossem outras, diferente do que o nazismo iria torná-lo: um genocida. Poderia ter sido criminoso, ou pedófilo, exibicionista, voyeurista, sexólogo de delinqüentes, pioneiro de experimentos inúteis, impostor, charlatão, traficante de drogas etc.

Em 1935, dois anos após a tomada do poder por Hitler, Mengele defendeu uma tese de doutorado em ciências humanas no Instituto de Antropologia de Munique sobre o tema "morfologia racial da seção anterior do maxilar em quatro grupos raciais". Dando início em seguida a uma brilhante carreira médica, integrou-se muito bem na elite da comunidade dos geneticistas e antropólogos alemães que haviam descambado para a biocracia nazista. Adepto da higiene racial, dedicou sua tese de medicina, em 1939, ao estudo das famílias "sob o ângulo da fissura lábios-maxilar" (lábio leporino), depois alistou-se na Waffen SS.

Foi em Birkenau que conseguiu, a partir de maio de 1943, como pesquisador subvencionado pela Deutsche Forschungsgemeinschaft,[64] efetuar seus "experimentos" sobre as patologias hereditárias, os gêmeos, a tuberculose, o tifo, as proteínas específicas, a cor dos olhos e a nomatite gangrenosa.[65]

Ávido por diagnósticos e obsessivamente preocupado em promover tratamentos eficazes e apresentar a prova da validade

---

[64] DFG: Comunidade Alemã de Pesquisas.
[65] Doença resultante da má nutrição, durante a qual os tecidos da face atrofiam-se, revelando os dentes e os ossos do maxilar.

de suas pesquisas, tratou o tifo enviando metodicamente para a câmara de gás todos os doentes por ele vitimados. No campo dos ciganos, onde brincava-se de "queimar os judeus", instalou uma espécie de jardim-de-infância no qual acolhia os gêmeos de tenra idade que ele próprio selecionara quando chegaram ao campo. Visitava-os diariamente, vestindo seu jaleco branco, fornecendo-lhes uma comida mais abundante que aos outros detentos. Dava-lhes bombons e os levava para passear em seu automóvel. Então, após tê-los seduzido, entregava-se serenamente às suas pesquisas, injetando-lhes nos olhos diversos produtos destinados a modificar sua cor. As anomalias pigmentares oculares lhe interessavam tanto quanto as deformações dos dentes e do maxilar. Às vezes, tentava fabricar siameses artificialmente, atando entre si, cirurgicamente, as veias de dois gêmeos.

Quando as crianças morriam, sempre em condições atrozes, o mais freqüentemente das seqüelas de uma lenta infecção, ele fazia a autópsia dos cadáveres em seu laboratório de anatomopatologia instalado no centro do crematório, procurando assim compreender o mecanismo biológico daquela geminação que tanto o fascinava. Um dia, lançou ao fogo um bebê que uma mãe acabava de parir porque esta pedira misericórdia para a própria mãe. Num outro dia, mandou exterminar de uma só vez 60 pares de gêmeos adolescentes.

Mengele tinha, além disso, verdadeira paixão pelos anões. Sentia prazer em selecioná-los pessoalmente entre famílias inteiras, obrigando-os a se maquiar e se vestir de maneira grotesca a fim de reinar no meio deles, qual um monarca de opereta, cigarro na boca, deleitando-se em observá-los durante horas. À noite, após empanturrar-se com tantas bufonarias, conduzia-os a pé até o crematório. Regularmente, enviava os resultados de seus trabalhos ao Kaiser-Wilhelm-Gesellschaft,[66] onde eram examinados com o maior interesse.

---

[66] Instituto de Pesquisas Imperador Guilherme.

160 A parte obscura de nós mesmos

Bonito, elegante, perfumado, usando luvas brancas e assobiando despreocupadamente árias da *Tosca*, selecionava os seres humanos na rampa de Birkenau batendo levemente com sua chibata em uma das botas. Escutava com veneração as sinfonias de Beethoven, adorava cães, comia torta de maçã, dirigia-se educadamente a todos e não apresentava nenhum sinal particular, a não ser um absoluto cinismo, uma ausência total de afeto, um fanatismo cientificista e uma vontade sem limites de eliminar os judeus, a quem considerava responsáveis, em virtude de sua inteligência, pela degradação da "raça" alemã.

Com uma meticulosidade toda especial, anotava num livro de registro os pequenos incidentes da vida cotidiana: pias entupidas, panes de eletricidades, consertos do aspirador. Da mesma forma, à medida que enviava milhares de seres humanos para a morte, registrava em seu diário, à guisa de um levantamento anatomopatológico, a longa lista das verdadeiras desgraças que se abatiam, por essa época, sobre sua difícil existência: enxaquecas, dores de cabeça, vertigens, reumatismos, diarréias, dores na bexiga.[67]

Após ter fugido de Auschwitz, Mengele emigrou para a América do Sul, escapando para sempre às investigações e ainda persuadido de que o judeu era o inimigo do gênero humano. Em 1979, fulminado por uma ataque cardíaco numa praia brasileira, foi enterrado sob um nome forjado. Porém, o "anjo da morte", como era conhecido, foi alcançado *post mortem* pela ciência que ele tanto procurara perverter: em 1992, com efeito, após a exumação, seu cadáver foi identificado graças a testes genéticos.

O nazismo mostra como um Estado, trabalhando em sentido contrário aos ideais do Iluminismo, pôde perverter-se a ponto de

---

[67] Cf. Ernst Klee, *La médecine nazie et ses victimes* (Frankfurt, 1997), Arles, Solin-Actes Sud, 1999. Hermann Langbein, *Hommes et femmes à Auschwitz*, op.cit., Coletivo, *Nazisme, science et médecine*, Paris, Glyphe, 2007.

chegar, ao cabo de um confinamento no mal radical, a instrumentalizar a ciência com fins de destruir a própria humanidade. Igualmente, trouxe à tona, a fim de melhor dominá-la, a parte subterrânea e recalcada de um real dos instintos, dos corpos e das paixões que a civilização ocidental não cessara de combater. Sistema perverso, o nazismo terá tido como objetivo eliminar o que ele apontava como um povo de perversos, e, em meio a esse povo, os judeus, julgados mais perversos que os demais.

Nesse aspecto, seu principal representante — o Führer — não foi nada mais, como Kershaw muito bem assinalou, que uma criatura vazia e inconsistente, cujo único "afrodisíaco" foi exercer um poder sobre seus próximos, sobre as massas e sobre a Alemanha (*Führerprinzip*), o que lhe ofereceu uma

> compensação para todos os reveses cruéis da primeira metade de sua vida ... . A obstinação, a inflexibilidade, o rigor implacável com que varria todos os obstáculos, sua habilidade cínica e o instinto que o impelia sempre a apostar tudo nas grandes questões — cada um desses fatores contribuiu para modelar a natureza de seu poder. Todos esses traços de caráter deviam se fundir num elemento dominante nas pulsões internas de Hitler: sua egomania ilimitada ... . Na ausência de qualquer capacidade de limitação, a megalomania progressiva continha inevitavelmente os germes da autodestruição na qual resultava o regime hitlerista; a coincidência com suas próprias propensões suicidas era perfeita.[68]

Se os místicos haviam alimentado a fantasia de aniquilar o corpo para oferecer a Deus o espetáculo de uma subjugação libertadora, se os libertinos e Sade tinham, contra Deus, promovido o corpo como único lugar de gozo e, por fim, se os se-

---

[68] Ian Kershaw, *Hitler*, t.1, op.cit, p.31-2.

xólogos haviam se inclinado a domesticar seus prazeres e seus furores criando um "catálogo das perversões", os nazistas vieram a levar quase ao seu termo uma espécie de metamorfose estatizada das múltiplas figuras da perversão. Em suma, fizeram da ciência o instrumento de um gozo do mal que, escapando a toda representação do sublime e do abjeto, do lícito e do ilícito, permitiu-lhes designar a coletividade dos homens — isto é, a espécie humana — como um povo de perversos a ser reduzido a dejetos contabilizáveis e coisificados: carnes, ligamentos, músculos, ossos, mãos, pele, dentes, olhos, órgãos, pêlos, cabelos.

Compreendemos então por que Adorno se perguntou — com certeza equivocadamente — se era possível "pensar depois de Auschwitz", de tal maneira a crença numa reconciliação entre a razão e sua parte maldita arriscava-se, mais uma vez, a fracassar.

5 A sociedade perversa

A vitória sobre o nazismo tornara-se possível graças à aliança dos comunistas e dos democratas, uns e outros portadores de um ideal de liberdade, progresso e emancipação herdado do Iluminismo. Porém, nem por isso os vencedores partilhavam a mesma concepção do homem e de suas aspirações. E, como nas sociedades em que o modelo comunista triunfara já se assistia, desde os anos 1930, a um retorno da grande utopia socialista que não cessava de estimular o crime, o gozo do mal e a privação de todas as liberdades, a questão que se colocava para os progressistas — sobretudo através das diversas lutas contra a subjugação das mulheres, dos colonizados ou das minorias étnicas — era saber se era possível, para além de suas vicissitudes, perpetuar o espírito da Revolução. Ainda mais que o sistema democrático, fundado no individualismo, na livre concorrência e no mercantilismo, não estava imune, a despeito de sua evidente superioridade, a uma inversão da Lei que não raro o levava a aberrações contrárias a seus próprios princípios: caça às bruxas, conquistas imperialistas, pretensão ridícula a normalizar os comportamentos humanos, degradação da cultura, repressões efetuadas em nome de um ideal do bem, puritanismo, pornografia etc.

O conflito entre essas duas concepções do homem encerrase, como sabemos, após a queda do muro de Berlim, com a vi-

164 A parte obscura de nós mesmos

tória do modelo democrático liberal que repousava numa visão desencantada do mundo, numa antecipação insensata do fim da História e numa racionalização da sociedade entendida como a aplicação do cálculo, e portanto da mensuração,[1] a todas as atividades humanas: um novo biopoder de certa forma, que supostamente eliminaria do horizonte humano não apenas os Estados-nações — em benefício das multidões —,[2] como também toda fronteira entre o homem e o animal; e, no âmbito do mundo humano, todo conflito, toda aspiração à rebelião, todo desejo de autodestruição e, logo, todos os excessos pelos quais se enuncia a parte obscura de nós mesmos. Nem perversão, nem sublimação.[3]

Dar cabo da perversão. Eis portanto, na atualidade, a nova utopia das sociedades democráticas globalizadas, ditas pósmodernas: suprimir o mal, o conflito, o destino, a desmedida, em prol de um ideal de gestão tranqüila da vida orgânica. Por outro lado, não haveria o risco de um projeto desse tipo ser capaz de fazer ressurgir, no seio da sociedade, novas formas de perversões, novos discursos perversos? Não seria ele capaz, em suma, de transformar a própria sociedade numa sociedade perversa?

Depois de Auschwitz, todos os termos que supostamente definiam o que é próprio do homem foram objeto de um sério questionamento. Uma vez que graças aos progressos da ciên-

---

[1] Cf. Jean-Claude Milner, *La politique des choses*, Paris, Navarin, 2005.
[2] Esse termo foi retomado em múltiplas significações para definir as metamorfoses do capitalismo globalizado e os meios de combatê-los.
[3] Bernard Stiegler chama de "dessublimação" esse fenômeno que caracteriza a nova sociedade industrial. Cf. *Mécréance et discrédit*, Paris, Galilée, 2006. Por sua vez, Jean Baudrillard fala do advento de uma banalidade implacável ligada ao cálculo integral da realidade. Cf. *Le pacte de lucidité ou L'Intelligence du Mal*, Paris, Galilée, 2004.

A sociedade perversa 165

cia e da técnica, o homem fora capaz de inventar um modo de extermínio do homem nunca ocorrido na história da humanidade, tornava-se urgente indagar-se qual era seu lugar no mundo. E, como a etologia ganhava amplitude orientando-se para um estudo comparativo dos comportamentos humanos e animais que contradizia a antiga teoria cartesiana da divisão entre o corpo e o espírito, a questão da origem do mal foi relançada, como o havia sido após a revolução darwiniana.

Se o homem mais infame, carrasco dos outros homens, pode ser qualificado como bestial ou não-humano[4] quando manifesta, em sua relação com seus semelhantes, uma crueldade visivelmente originária de sua animalidade profunda, o que dizer da maneira como humanos tratam os animais? "Nas sociedades ocidentais", escreve Catherine Clément,

ainda não estamos à altura da vida partilhada pelos humanos e não-humanos nas sociedades autóctones. Em nosso mundo, ainda somos capazes de abandonar um animal de estimação porque é um estorvo; vesti-lo com uma manta, penteá-lo, fazê-lo usar óculos escuros ... . Em nosso mundo, damos injeções nos animais até a agonia com o objetivo aparente de lhes evitar o sofrimento; somos inclusive capazes de acompanhá-los; nós os tratamos como bestas.[5]

---

[4] Quando, no processo de Jerusalém, o procurador Gideon Hausner chama Adolf Eichmann de "não-humano" que se degradou ao nível da animalidade, ele se engana, uma vez que apenas os humanos são capazes de tais crimes. Cf. Rony Brauman e Eyal Sivan, *Un spécialiste*, documentário francês, 1999. Bertolt Brecht, por sua vez, acrescentara o adjetivo "imundo" para designar o fascismo e o nazismo (a besta imunda), em referência às duas bestas do Apocalipse de são João: o Cordeiro mártir e o Dragão diabólico.
[5] Catherine Clément, *Qu'est-ce qu'un peuple premier?*, Paris, Panama, 2006, p.111.

166 A parte obscura de nós mesmos

Temos o direito de torturar os animais[6] ou, mais simplesmente, fetichizá-los como fazemos com os homens? Temos o direito de entregá-los aos horrores de um abate industrial que não os protege da dor de morrer? Temos o direito de confiná-los em laboratórios para usá-los, sem nos preocuparmos com seu sofrimento, em experimentos às vezes totalmente inúteis? Temos o direito de adestrá-los para os ensinar a satisfazer as perversões sexuais dos homens? Não é indigno de uma humanidade civilizada treiná-los para matar ou torturar homens? Em que consiste a diferença entre o homem e a besta? O que há de comum entre os macacos e os homens? Quem, entre o animal ou o homem, é o mais cruel, o mais assassino? O animal é perverso? Estaríamos, enquanto descendentes dos macacos, condenados a voltar a ser macacos, na medida em que as ciências do comportamento e da cognição estabelecem uma continuidade entre primatas humanos e não-humanos, atribuindo a estes últimos não apenas estados mentais, sentimentos e emoções, como, de maneira fortuita e contestável, uma organização simbólica e uma linguagem?[7]

Finalmente, a última pergunta: uma vez que a chegada dos grandes símios à Europa foi contemporânea da elaboração dos direitos do homem, seria agora legítimo — 150 anos após a revolução darwiniana e 60 depois dos assassinatos em massa do século XX — estender esses mesmos direitos aos primatas não-hu-

---

[6] Lembremos que, no artigo 3 do código do tribunal de Nuremberg, é esclarecido que toda abordagem terapêutica ou experimental nova seja precedida de testes com animais. Horrorizados com as experimentações nazistas, os redatores desse artigo pareciam esquecer que os homens eram capazes de fazer o animal sofrer as mesmas torturas que os homens.

[7] Acerca da questão do olhar dirigido pela filosofia, da Antigüidade aos nossos dias, sobre a questão da animalidade, remetemos ao admirável livro de Elisabeth de Fontenay, *Le silence des bêtes*, Paris, Fayard, col. Histoire de la Pensée, 1998. Cf. também Pascal Picq e Yves Coppens (orgs.), *Aux origines de l'humanité*, t.2: *Le propre de l'homme*, Paris, Fayard, 2001.

A sociedade perversa 167

manos ameaçados de extinção em virtude da loucura humana?
"Começou-se", dizia Claude Lévi-Strauss num texto célebre,

> por separar o homem da natureza e por constituí-lo em reino
> soberano; julgou-se assim suprimir seu caráter mais irrefutá-
> vel, a saber, que ele é em primeiro lugar um ser vivo. E, per-
> manecendo cegos a essa propriedade comum, demos livre
> curso a todos os abusos. Nem sequer depois dos últimos quatro
> séculos de sua história o homem ocidental foi capaz de com-
> preender que, arrogando-se o direito de separar radicalmente
> a humanidade da animalidade ao conceder a uma tudo o que
> retirava da outra, ele iniciava um ciclo maldito, e que a mesma
> fronteira, constantemente recuada, serviria para afastar ho-
> mens de outros homens e para reivindicar, em prol de mino-
> rias cada vez mais restritas, o privilégio de um humanismo
> corrompido desde seu nascimento por ter confiscado do amor-
> próprio seu princípio e sua noção.[8]

Se as relações entre os humanos e os animais estão no cerne
das mitologias fundadoras da origem das sociedades humanas, não é indiferente saber que a palavra "bestialidade" serviu
durante séculos para designar não simplesmente a ferocidade
humana — ser uma besta ou uma criatura bestial —, mas a
consumação de um ato sexual entre um humano e um animal.
Nesse aspecto, assinalemos que a travessia sexual da barreira
das espécies — ou "habitação carnal" — não poderia ser confundida com as grandes narrativas míticas do Minotauro, do
deus Pã, de Zeus e Leda, dos egípcios copulando com croco-
dilos para aumentar sua virilidade ou ainda com os totens nos
primeiros povos.

---

[8] Claude Lévi-Strauss, *Anthropologie structurale 2*, Paris, Plon, 1973, p.53 [ed.
bras.: *Antropologia estrutural 2*, Rio de Janeiro, Tempo Brasileiro, 1993].

Na habitação carnal, e malgrado todas as fantasias que isso possa suscitar, são os humanos, e não os animais, que se entregam a essa relação, uma vez que apenas eles têm o privilégio de escolher o objeto de seu agrado. Da mesma forma, o ato de bestialidade, sob sua forma festiva, assassina, ritualizada, resulta necessariamente, em diversos graus, de um adestramento, isto é, de um uso perverso do corpo do animal. Trata-se, com efeito, de sentir prazer com os sofrimentos que infligimos ao corpo do animal — e, através dele, a homens ou a si mesmo. Nesse sentido, o adestramento, termo ambíguo aliás, é diferente do aprendizado — que consiste, por exemplo, em domar o animal ou domesticá-lo para que ele possa viver entre os humanos e ajudá-los, se necessário.

Os animais machos especialmente adestrados, pelo viés de condicionamentos alimentares ou olfativos, para fins de relações sexuais com humanos foram denominados *androzoones*. E a literatura pornográfica ou científica pulula de relatos aterradores que põem em cena todas as posições possíveis dessa habitação dos animais pelos homens e dos homens pelos animais. Assim como os gladiadores eram obrigados a participar de seu próprio extermínio e os cristãos eram entregues a leões famintos pelo simples prazer de serem oferecidos como repasto à perversidade das massas, da mesma forma os animais adestrados para a copulação com os humanos foram outrora atores privilegiados dos jogos do circo. Nas arenas de Constantinopla, no século VI da nossa era, a imperatriz Teodora, filha de um domador de ursos, protetora devassa e violenta das prostitutas e das mulheres adúlteras, adepta da doutrina monofisista, exibia-se diante das massas ululantes, de joelhos e de pernas abertas, enquanto gansos especialmente adestrados ciscavam grãos diretamente na carne de sua vagina.

A sociedade perversa 169

Se por um lado os animais serviam, assim, para satisfazer, como escravos ou gladiadores, os apetites sexuais de reis ou imperadores, por outro podiam ser utilizados, inversamente, com fins de suplício, como os ursos, cabras, cães, touros ou zebras, condicionados ao assassinato e ao estupro públicos de prisioneiros ou condenados à morte.[9] Porém, em outras épocas, serviram também, na intimidade dos bordéis ou dos salões privados, para propiciar certos orgasmos: "Quando um homem que penetra uma ave sente a chegada do orgasmo, ele estrangula, degola ou quebra o pescoço da ave. O esfíncter do animal se contrai, estimulando o prazer do homem."[10]

Quanto aos animais de menor porte — ratos, insetos, pequenas serpentes —, infligiram aos homens de todos os tempos, sem o saberem, e às vezes ao preço de morrerem ou serem eles próprios supliciados, torturas pavorosas inventadas pelos homens. Ninguém ignora a célebre prática da introdução de um roedor no interior do corpo, relatada por Freud no caso de Ernst Lanzer, o Homem dos Ratos. Em 1907, durante um exercício militar, este escutara o cruel capitão Nemeczek, adepto dos castigos corporais, lhe contar a história de um suplício oriental que consistia em obrigar um prisioneiro nu a ficar de joelhos no chão, com as costas curvadas. Em suas nádegas era então fixado, por intermédio de uma correia, um grande pote dentro do qual se agitava um rato. Privado de alimentação e excitado por uma haste incandescida introduzida no orifício do pote, o animal procurava fugir da queimadura e penetrava no reto do supliciado infligindo-lhe feridas lancinantes.

---

[9] Vestido com peles de animais, Nero lançava-se sobre as partes genitais de supliciados amarrados a postes, enquanto Tibério dava o nome de "peixinhos" a jovens que ele arrastava para lhe chupar os testículos sob a água. Cf. R. Master e E. Lea, *Perverse Crimes in History*, Nova York, 1963.

[10] *Dictionnaire des fantasmes, perversions et autres pratiques*, op.cit., p.417.

Ao cabo de meia hora, morria sufocado ao mesmo tempo que o supliciado.[11]

Foi por haver sido assimilada a uma transgressão da ordem procriadora, e logo a um vício antinatural, que a bestialidade foi vista pelas religiões monoteístas, em especial pelos judeus e cristãos, como um crime e uma heresia, da mesma forma que a sodomia e o onanismo. E, mesmo após a abolição de todas as antigas práticas de exibição e adestramento de animais com fins de suplício ou entretenimento perverso, infelizes camponeses, apontados como criminosos por terem simplesmente habitado carnalmente alguns de seus animais preferidos, foram, durante séculos, condenados à fogueira.

Convencidos de que esse intercâmbio com o Diabo podia engendrar monstros, os magistrados puniam com a morte o animal, julgado tão perverso quanto seu cúmplice. Assim, em 1601, Claudine de Culam, criada do prior de Reverecourt e oriunda de uma família camponesa de Rozay-en-Brie, foi condenada a perecer pelas chamas, aos 16 anos, por ter sido surpreendida em estado de habitação carnal com um cão malhado: "Encontrei Claudine prostrada em seu leito", contou o prior, "com um cão em vias de conhecê-la carnalmente. Assim que ela me viu, abaixou as saias e enxotou o cão, mas, como este se divertia levantando sua saia com o focinho, dei-lhe um pontapé e ele partiu ganindo e mancando." A moça assume então a defesa de seu cão, espancado.

A pedido de sua mãe, que a julgava inocente, foi examinada por peritos, em presença do animal, num recinto adja-

---

[11] Sigmund Freud, "Notas sobre um caso de neurose obsessiva" (1909), in *ESB*, vol.10. No suplício conhecido como "banho de moscas", põe-se uma venda nos olhos do prisioneiro, prendem-se suas mãos e seus pés, e em seguida besunta-se com mel certas partes de seu corpo: axilas, ânus, lábios, partes genitais, narinas. As moscas chegam então em nuvens e, em menos de duas horas, o supliciado enlouquece e morre. Também é possível substituir as moscas por formigas ou, pior, por abelhas.

cente à corte de apelação. Estes constataram então, disseram em seguida, que o cão se lançara sobre Claudine para "pegá-la por trás". Unidos num mesmo destino, os dois culpados — quase diríamos os dois amantes — foram estrangulados antes de serem queimados, tendo depois suas cinzas espalhadas a fim de que não subsistisse vestígio daquele monstruoso coito.[12] Quem ousará dizer, à leitura dessa trágica história, que o caso da infeliz Claudine, apaixonada por seu cão, seja idêntico ao da terrível Teodora? Ambas se entregaram, decerto, à habitação carnal, mas apenas esta última inventou um sistema de adestramento que fazia dos animais instrumentos de um exercício humano de prazer e dominação. Por um lado, um poder soberano era exercido sobre o animal, por outro uma vítima era entregue à lei dos carrascos ao mesmo tempo em que o animal.

Ao contrário do homossexual, da criança masturbadora e da mulher histérica, que, como vimos, encarnavam para os sexólogos do século XIX as três instâncias maiores da perversão humana, o zoófilo — imune a qualquer condenação penal[13] após a supressão do crime de bestialidade e de sodomia — não era mais considerado, nessa época, um verdadeiro perverso no sentido da periculosidade social. Tornara-se um simples doente, vítima de uma espécie de debilidade social ou psíquica.

Krafft-Ebing identificava três tipos de zoofilia: a bestialidade (conspurcação do animal), a zooerastia (consecutiva a uma impotência sexual com um humano), e a zoofilia erótica (fetichismo induzido por uma ação afrodisíaca advinda do animal). Em nenhum instante interessou-se pela dor muda

---

[12] Maurice Lever, *Les bûchers de Sodome*, op.cit., p.94-6.

[13] Apenas os maus-tratos infligidos a um animal são hoje penalizados pela lei. Mas o comércio sexual que um homem ou uma mulher mantém com um animal baseia-se nos maus-tratos. Sim ou não? Essa pergunta é atualmente objeto de um vasto debate.

do animal e tampouco levou em conta a realidade da sexualidade animal. Distinguia-se assim dos juízes dos tribunais eclesiásticos tanto quanto os etologistas modernos irão dele se distinguir.

Seja como for, instalada no centro do saber científico, a medicina positivista não julgou mais necessário incluir o animal no grande catálogo das patologias desviantes, a ponto, por exemplo, de o considerar um doente e obrigá-lo a sofrer um tratamento no caso de ser reconhecido culpado, como na Idade Média, de uma relação carnal com um humano. Com o reinado da sexologia, apenas as condutas sexuais humanas entraram no universo nosográfico das perversões. E, a partir de então, e durante um século, forjou-se um número impressionante de termos sofisticados para designar, a fim de disfarçar cientificamente seu horror, todas as práticas possíveis de transposição da barreira das espécies: avissodomia (aves), cinofilia (cães), necrobestialismo (animais mortos), ofidicismo (répteis), simiofilia (macacos), voyeurismo animalesco, pseudozoofilia (jogos sexuais em que o parceiro comporta-se como um animal), sadismo bestial etc.

Num texto perturbador, Henri F. Ellenberger comparava, em 1964, as diferentes modalidades de confinamento dos animais. E distinguia três delas: os antigos *paradeisos* persas, onde os animais viviam em liberdade; os jardins zoológicos dos astecas, onde os animais eram metodicamente classificados e aproximados de anões, corcundas, anormais de nascença e albinos; e, por fim, os circos do mundo ocidental, nos quais os animais serviam, como os bufões, para divertir os reis. Apontava em seguida que a Revolução pusera fim a essa dominação do soberano sobre a besta.[14]

---

[14] Podemos acrescentar que o gênio de La Fontaine já subvertera amplamente essa soberania.

A Revolução, dizia Ellenberger, dera origem simultaneamente ao hospício e ao jardim zoológico moderno. E logo em seguida observava que, quanto mais os loucos haviam sido subtraídos, em virtude do confinamento, ao olhar das multidões desejosas de humilhá-los, mais os animais, ao contrário, viam-se expostos a elas.[15] Concluindo, Ellenberger interrogava-se sobre a eficácia terapêutica que a visita aos zoológicos podia ter sobre os loucos. Em contato com o olhar do animal, assinalava, o alienado reconquista uma espécie de dignidade. Contra os fundamentalistas da liberação animal,[16] nos quais criticava uma visão antropomórfica da besta, e contra os destruidores da natureza e do reino animal, ele enaltecia a utopia vindoura de um possível retorno dos antigos *paradeisos*.[17]

Em vez de explorar as diferentes facetas dessa história cruzada dos loucos, dos animais e dos anormais, ou ainda descrever a maneira como os homens tratam a animalidade, como farão Jacques Derrida ou Elisabeth de Fontenay, os etologistas, cognitivistas e comportamentalistas fizeram seus trabalhos incidirem não mais apenas sobre uma classificação das espécies e sobre o modo de vida dos animais, mas sobre sua sexualidade, tendo como objetivo primordial — nos especialistas nos grandes símios — descobrir todas as similitudes possíveis entre os primatas humanos e não-humanos. Nessa perspectiva pós-

---

[15] Elisabeth de Fontenay assinala com razão a analogia que existe entre o olhar dirigido a um louco e o dirigido a um animal. Propõe inclusive substituir, para dele tomar consciência, o termo "louco" por "animal", no célebre prefácio redigido por Michel Foucault para sua *História da loucura na idade clássica*, op.cit. Ver também, acerca da exibição de caráter pornográfico dos indígenas e dos anormais, N. Bancel, P. Blanchard, G. Boëtsch e E. Deroo, *Les zoos humains: de la Vénus hottentote aux reality shows*, Paris, La Découverte, 2002.

[16] Eram então chamados de "defensores dos animais".

[17] Henri F. Ellenberger, "Jardin zoologique et hôpital psychiatrique" (1964), in *Médecines de l'âme: essais d'histoire de la folie et des guérisons psychiques*, Paris, Fayard, col. Histoire de la Pensée, 1995.

174 A parte obscura de nós mesmos

darwiniana, não se tratava mais de fazer o homem descender do macaco, mas de fazer o macaco alcançar o status de homem.

Numa primeira fase, fora lançada a idéia de que a ausência de qualquer forma de copulação frontal nos mamíferos era sinal de uma certa organização da sexualidade fundada na bestialidade, na violência, na agressividade, na dominação — e, por que não?, no gozo do outro. Como conseqüência, a copulação frontal era vista como típica do homem ou como sinal de uma normalidade da sexualidade humana centrada no reconhecimento necessário do primado da diferença dos sexos. Deduzia-se dessa constatação que o orgasmo feminino não existia no reino animal.

Por conseguinte, primatólogos e especialistas em mamíferos deram a esse acasalamento face a face o nome de "posição do missionário" a fim de atestar que era indissociável da civilização — ou melhor, da missão civilizadora do Ocidente cristão: "Observou-se no acasalamento face a face uma marca de dignidade e sensibilidade", escreve Frans de Waal,

> separando os humanos civilizados dos pretensos infra-humanos. Essa posição copulatória foi elevada ao nível de inovação cultural, modificando fundamentalmente a relação entre homens e mulheres. Os povos sem escrita, imaginava-se, extrairiam grandes benefícios dela. Daí a expressão "posição do missionário".[18]

Se a ausência dessa posição no reino animal podia ser compreendida como um dos sinais primordiais que permitem diferenciar o homem do animal, isso significa, em contrapartida, que a presença do *coito a tergo* entre os humanos devia ser interpretada como a subsistência de um comportamento animal.

---

[18] Frans de Waal e Frans Lanting, *Bonobos: le bonheur d'être singe*, Paris, Fayard, 1999, p.101.

Para os moralistas, lembramos, esse tipo de copulação derivava de um instinto bestial e, portanto, demoníaco ou perverso, o diabo sendo sempre representado sob os traços de um animal lúbrico. Da mesma forma, o orgasmo feminino era designado, nessa perspectiva, como a expressão de uma animalidade de natureza perversa.

Numa segunda fase, os naturalistas darwinianos e evolucionistas afirmaram que a presença nos humanos do *coito a tergo* não fazia senão provar a realidade de uma continuidade absoluta entre os dois reinos. Nessa perspectiva, existiria nos animais uma espécie de consciência do bem e do mal: alguns seriam perversos e outros não, ou o seriam em graus diversos. Essa hipótese significava demonstrar que a perversão era um fenômeno natural e que, se macacos machos copulavam entre si, eram então invertidos. E por que não as vacas? Pela constatação de que conseguiam mamar em suas próprias tetas, nada se opunha a que se deduzisse que fossem assimiláveis a fetichistas ou masturbadores.

Quanto aos psicanalistas, tenderam a ver na copulação frontal, exclusivamente humana, uma espécie da prova da existência de um complexo pré-edipiano que faria de cada homem um filho desejando fundir-se com a sua mãe e de cada mulher uma mãe transformando o homem inseminador num anexo de seu próprio corpo. Ao copular dessa forma, diziam em suma, o homem ocupa, perante a mulher, o lugar de um bebê que ela seguraria nos braços, e ela própria é, por sua vez, nessa posição, um substituto do bebê para o homem.

A observação dos bonobos jogou por terra todos esses pontos de vista. Primos dos chimpanzés, esses símios excepcionais formam uma estranha sociedade, na qual machos e fêmeas parecem antes atraídos pelos prazeres do sexo e da comida que pela conquista e a dominação. Eles copulam face a face, conhecem a prática da felação e da masturbação, e, mais que isso, possuem uma sexualidade que não é diretamente ligada à reprodução. Às vezes, os machos têm relações com outros machos e as fêmeas com outras fêmeas. O orgasmo, partilhado pelos dois sexos, gera manifestações de prazer intenso. Em resumo, os primatólogos assinalaram que, em todas as suas atividades, os bonobos assemelhavam-se aos humanos, pelo menos aparentemente. O jovem símio pode assim afetar a expressão de uma criança manhosa e estampar sua decepção se o privarem de comida. Durante uma relação sexual, a fêmea pode soltar gritos de prazer ou se misturar ao jogo dos machos para fazer cócegas em sua barriga ou suas axilas. Resumindo, os bonobos são, entre os macacos, os que parecem, por seu comportamento, aproximar-se mais dos humanos.

E entretanto é forçoso dizer, contra os primatólogos, que, seja como for, e ainda que devamos, em contrapartida, criticar a noção de "próprio do homem", jamais nenhuma sexualidade animal se assemelhará à dos homens, pela simples razão de que é destituída de qualquer linguagem simbólica complexa e, logo, de toda forma de consciência de si mesma.

Eis efetivamente por que todas as observações sobre a sexualidade animal não fazem senão remeter os pesquisadores a seus pressupostos antropomorfistas, ou pior ainda, a uma tentativa perversa, e completamente antidarwiniana, de fazer do homem um macaco e do macaco um homem. Nenhuma ciência, com efeito, salvo se for perversa, poderá provar a existência de qualquer perversão no reino animal. Os animais não conhecem nem a Lei nem a transgressão da Lei, não são fetichistas, nem zoófilos, nem pedófilos, nem coprófilos, nem necrófilos, nem criminosos, nem sádicos, nem masoquistas, nem voyeuristas, nem exibicionistas, nem capazes de sublimação. Não são nem transexuais, nem travestis, nem sequer homossexuais, bissexuais ou heterossexuais. A atividade sexual animal não responde a nenhuma dessas classificações. E o fato de a alguns primatas machos repugnar a copulação com sua genitora,[19] ou parecerem preferir outro macho a uma fêmea, não nos autoriza a deduzir que os grandes símios conhecem a proibição do incesto ou os deleites da sodomia.

E tampouco o fato de os animais poderem ser perigosos, agressivos, assassinos, cruéis — inclusive quando domesticados — nos autoriza a deduzir que eles matam os humanos ou seus semelhantes pelo simples prazer de exterminá-los. A crueldade animal não se aparenta à dos homens, uma vez que é instintiva e nunca assimilável a um gozo qualquer da crueldade. Como apontava muito bem Georges Bataille, o crime é tão ausente do reino animal quanto o erotismo:

> Do erotismo, é possível dizer que é a aprovação da vida até na morte ... . É um dos aspectos da vida interior do homem ... . A escolha humana difere também da do animal: ela recorre a essa mobilidade interior infinitamente complexa, que é própria do homem. O próprio animal tem uma vida subjetiva, mas essa vida, parece, lhe é dada como o são os objetos inertes, de uma vez por todas. O erotismo do homem difere da sexualidade animal na medida em que coloca em questão a vida interior.[20]

Não há erotismo, portanto, no mundo animal: nem erotismo dos corpos, nem erotismo dos corações, nem erotismo sagrado.

Entretanto, por seu pertencimento à ordem dos vivos, os animais estão enraizados num mundo imaginário que lhes per-

---

[19] Isso resulta de uma inibição biológica que nada tem a ver com a instauração, nas sociedades humanas, da proibição do incesto. Sabemos muito bem que é porque o homem deseja o ato incestuoso e o transgride sentindo-se culpado — e não inibido — que foi preciso torná-lo um interdito.

[20] Georges Bataille, *L'Erotisme*, in *Œuvres completes*, t.X, op.cit., p.16 e 33 [ed. bras.: *O erotismo*, São Paulo, ARX, 2004].

mite, como a nós, exprimir seu sofrimento, o que significa que cabe aos homens, únicos senhores da Lei, incluir os animais na esfera do direito. "O que os homens infligem a outros homens", escreve Elisabeth de Fontenay,

nenhum animal é capaz de fazê-lo, e eis por que qualificar um crime de bestial evidencia um desastroso *non-sense*. Tudo indica que os animais, pelo menos tal como os conhecemos, permanecem alheios a essa desmedida que provoca o excesso do melhor e do pior ... . Nenhuma subjetividade animal é suscetível de reconhecer o outro como portador de uma subjetividade idêntica à sua nem de cogitar a lei: logo, nenhum é capaz de firmar contrato conosco.[21]

E de nada adiantará querer domesticar os animais para que eles se comportem como os homens, e de nada adiantará experimentar neles os efeitos de determinados hormônios, descargas elétricas ou intervenções cirúrgicas. Será mister resignar-se: a perversão é exclusivamente humana.[22]

Em outras palavras, é tão falso negar o pertencimento do homem ao reino animal, como fazem os criacionistas e outros adeptos do "projeto inteligente" (*Intelligent Design*), quanto querer abolir toda e qualquer diferença entre o homem e o animal, como fazem os utilitaristas da ecologia profunda ou os cognitivistas-comportamentalistas, adeptos de um continuísmo absoluto entre o modelo animal e o modelo humano. No primeiro caso, faz-se do homem uma criatura divina com o risco de auto-

---

[21] Elisabeth de Fontenay, "L'Altruisme au sens extra-moral", *Science et Vie*, hors série, *Les animaux ont-tils uns sens moral?*, 2004.

[22] Cf. Robert Stoller, *La perversion, forme érotique de la haine* (1975), Paris, Payot, 1978. Alguns psiquiatras, entretanto, não hesitaram em considerar os animais domésticos como perversos, sobretudo os cães, definidos como hiperativos sexuais. Foram inclusive tratados com antidepressivos.

A sociedade perversa 179

rizá-lo a um dia se tomar por um deus e exterminar aqueles que não sejam julgados suficientemente divinos para subsistir — os homens considerados "inferiores" e os animais; no segundo, condena-se o homem a um determinismo sórdido que o priva da consciência de seu destino, do exercício de seu livre-arbítrio e, por fim, de sua capacidade de distinguir o bem e o mal.

Não espanta, por sinal, constatar que, se os criacionistas abominam a grande figura de Darwin, que fez do homem o descendente do macaco, os comportamentalistas agem da mesma forma com Freud, sua "ovelha negra", herdeiro do darwinismo, que fez do homem um sujeito descentrado mas consciente de uma humilhação que o compele a partilhar livremente seu destino com o do animal, seu irmão da *outra espécie*, que ele não cessa de amar ou supliciar. Entretanto, um dia se fará necessário aceitar reuni-los, para além de todas as vertentes de uma etologia mal compreendida. "O Homem", dizia Darwin, "é a única criatura na qual podemos reconhecer a faculdade moral ... . E isso constitui a maior de todas as distinções que se pode fazer entre os animais e o homem."[23]

Se os animais não são perversos, algumas das teorias inventadas pelos homens para pensar a animalidade seguramente o são. É a Peter Singer — filósofo utilitarista, nascido no imediato pós-guerra e fundador do grande movimento pela liberação animal —, que devemos a elaboração de uma estranha teoria da animalidade, que teve uma acolhida excepcional no mundo inteiro. Naturalmente, em seu livro, publicado em 1975 e traduzido em diversas línguas,[24] ele relata as terríveis torturas que a sociedade ocidental, pervertida por um ideal cientificista, inflige aos animais: macacos asfixiados por gás, submetidos a irradiações ou envenenados pelo simples prazer de lhes fornecer

---

[23] Charles Darwin, *A origem do homem*, op.cit.
[24] Peter Singer, *Libertação animal* (Nova York, 1975), Porto Alegre, Lugano, 2004.

180   A parte obscura de nós mesmos

"estímulos" ou utilizá-los como cobaias no lugar dos humanos; camundongos assassinados em laboratórios com o único fim de testar venenos; galinhas vivas penduradas pelas patas antes de entrar nas salas de abate industrial; bezerros obrigados a viver comprimidos em boxes a fim de ficarem anêmicos e com a carne mais tenra; porcas confinadas com o pescoço apertado durante a gestação etc. Todas essas descrições e imagens dão náusea.[25]

Porém, longe de se contentar em recorrer a uma luta legítima para a melhoria da condição animal, Singer assimila o animal ao humano. E daí deduz que o destino que o homem reserva ao animal ao comê-lo — e não simplesmente ao torturá-lo — é da mesma natureza que o reservado pelos dominantes aos dominados na história da humanidade ao se tornarem racistas, colonialistas, genocidas, torturadores, fascistas, anti-semitas, misóginos, homofóbicos etc.

Da mesma maneira, Singer forja o pretenso conceito de "especismo" para designar uma discriminação específica, e semelhante a um racismo, que caracterizaria a essência da relação do homem com o animal. O "antiespecismo" seria então, a seu ver, o equivalente de um movimento de libertação comparável ao antifascismo, ao anticolonialismo, ao feminismo ou ao anti-racismo.

Aparentemente, a tese parece generosa e seduziu diversos defensores da causa animal, exasperados com a inércia dos responsáveis pelo grande mercado da alimentação, pela ciência experimental e por todo tipo de chacinas de animais. Porém, examinando mais detidamente, percebemos que ela repousa numa inversão das leis da natureza, o que leva a fazer do homem não uma criatura idêntica ao animal, mas o representante

---

[25] Mencionemos também, entre outras experimentações inúteis, as que consistem em provocar estados de loucura nos mamíferos por meio de absorção de substâncias químicas a fim de comprovar a equivalência entre o modelo animal da loucura e o modelo humano.

A sociedade perversa 181

de uma espécie... inferior à do animal: um subanimal, de certa forma. E, por conseguinte, para regenerar a condição humana, abastardada por sua pulsão carnívora, Singer recorre à criação de um homem novo, o "homem vegetariano",[26] único capaz, segundo ele, de libertar os outros homens — imundos comedores de "sanduíches de presunto" —[27] de seu status de assassinos. Singer considera assim que o fato de *comer o animal* seria em si um ato tão criminoso e abjeto quanto torturá-lo por simples prazer. Desse modo, transforma cada humano carnívoro em cúmplice de um assassinato coletivo semelhante a uma espécie de genocídio.

A tese defendida pelos antiespecistas repousa não apenas numa forma de ódio à humanidade e na valorização de uma nova espécie de humanos, "não-carnívoros" ou "antiespecistas", mas também numa tentativa de abolição perversa da barreira das espécies.[28] Atesta isso, se necessário, a "revisão" que fazem da definição do ser do homem, que consistiria não em proteger os animais da violência e em instituir um novo direito

---

[26] Os vegetarianos e os vegetaristas agruparam-se num movimento em defesa dos animais (o Veggie Pride) no modelo do Gay Pride, e denunciam seus adversários como "carnívoros".

[27] Peter Singer é obcecado pelos comedores de sanduíches de presunto. No prefácio de seu livro, ele conta como, tomando chá na casa de uma adorável senhora inglesa, protetora dos animais, ficou horrorizado não apenas porque ela lhe ofereceu um pequeno sanduíche de presunto, mas também porque, ao fazê-lo, aludiu ao amor que dedicava a seus cachorros e gatos. Ele lhe respondeu acidamente que não gostava de animais, que não tinha nenhum em casa, mas que militava para que fossem tratados como humanos.

[28] Essa tese, esclareçamos, é completamente alheia ao procedimento de Jacques Derrida, que interroga a maneira como a filosofia pensa a animalidade estabelecendo o princípio de uma superioridade do homem sobre o animal sem precisar-lhe os fundamentos. Nessa perspectiva, Derrida recusa a ciência positiva, na medida em que esta pretende amenizar as diferenças entre o homem e os animais que lhe são mais próximos (mamíferos e primatas), em prol de uma consideração da necessária desconstrução da noção de "próprio do homem". Cf. *L'Animal que donc je suis*, Paris, Galilée, 2006.

dos animais, mas em garantir direitos humanos aos "grandes símios não-humanos".

Esse raciocínio apóia-se na certeza, declarada por Singer e seus adeptos, de que os grandes símios seriam dotados de modelos cognitivos que lhes permitem ter acesso à linguagem da mesma forma que os homens e de que, principalmente, seriam "mais humanos" que os humanos acometidos de loucura, senilidade ou de doenças neurológicas. Traçando uma nova fronteira entre o humano e o não-humano, fronteira que transgride a organização clássica das relações entre a natureza e a cultura,[29] os adeptos da liberação animal rechaçam efetivamente para fora do humano, em nome de uma teoria aberrante, toda uma população de anormais, julgados inferiores ou inaptos à razão: deficientes, loucos, mongolóides, pacientes vítimas do mal de Alzheimer etc. E, ao fazê-lo, privilegiam a animalidade dos grandes símios — julgada superior à humanidade dos humanos anormais — em detrimento daquela das outras espécies do mundo animal: mamíferos, aves, répteis etc.[30]

Não espanta que, após inventar sistema tão perverso, Singer tenha vindo a fazer apologia da zoofilia. Para isso, apóia-se na tese do biólogo holandês Midas Dekkers, autor de um livro sobre a bestialidade que defende a idéia (aberrante) segundo a qual os animais seriam atraídos sexualmente pelos humanos. Assimilando o poder olfativo a um verdadeiro desejo, pede a supressão do tabu que pesaria sobre a zoofilia a fim de que as relações entre humanos e não-humanos sejam vistas como tão evidentes quanto as que unem os humanos, uma vez que os

---

[29] Segundo a definição de Claude Lévi-Strauss.

[30] Jacques Derrida, de um lado, e Elisabeth de Fontenay, de outro, assumiram a defesa da condição animal de uma forma completamente antagônica à dos partidários de Singer. Cf. Paola Cavalieri, "Les droits de l'homme pour les grands singes non humains?", *Le Débat* 108, jan-fev 2000, p.156-62, e a resposta de Elisabeth de Fontenay, "Pourquoi les animaux n'auraient-ils pas droit à un droit des animaux?", *Le Débat* 109, mar-abr 2000.

A sociedade perversa 183

animais no caso seriam consentâneos. Os zoófilos, nessa perspectiva, deveriam ser tratados como os homossexuais nos dias de hoje e poder acasalar-se livremente com seus companheiros prediletos — e, por que não?, casar-se com eles.[31] Claro, após ter sustentado essas teses, Singer foi atacado em seu próprio campo pelas associações de defesa dos animais, que o acusaram de barbárie. Pois não é negando, com a ajuda de teorias perversas, a natureza carnívora do homem que poderemos melhorar a sorte dos animais e sair do círculo vicioso tão bem descrito por Claude Lévi-Strauss. E, aliás, na perspectiva igualitária pretendida por Singer, como seria possível impedir o homem de comer o animal sem proibir ao mesmo tempo o animal de devorar seus semelhantes? Teríamos que transformar todos os carnívoros em herbívoros?

Sabemos que o homem, com o desenvolvimento da sociedade de massa e do abate industrial, tornou-se mais carnívoro do que o eram seus ancestrais, que viviam num mundo rural em que apenas os nobres gozavam do direito de caça. Mas isso não significa que tenha que ser proibido de comer o animal. A opção por renunciar a isso, nas sociedades democráticas, só poderia ser individual, e não a conseqüência de um recrutamento sectário a serviço de uma nova ideologia do "homem novo". Será preciso um dia proibir ao homem, em nome do mesmo princípio, toda forma de destruição de certas espécies animais, prejudiciais às colheitas ou à vida?

E, se a questão da proteção dos animais tornou-se essencial nos debates contemporâneos sobre a ecologia, a da zoofilia exerce a mesma importância na elaboração do novo olhar que dirigimos à animalidade.

Naturalmente, seria errôneo pretender restaurar, no direito contemporâneo, o crime de bestialidade abolido há mais

---

[31] Cf. Peter Singer, "Heavy Petting", *Nerve Magazine*, mar-abr 2001, e *Les Cahiers Antispécistes* 22, fev 2003.

184 A parte obscura de nós mesmos

de dois séculos. Mas o fato de não perseguir mais os desafortunados que se entregam na intimidade de sua existência a uma habitação carnal com seus animais de estimação não impede de pensar na problemática contemporânea da zoofilia. Exibição na internet de fotografias pornográficas, venda de animais para uso sexual em catálogo, adestramento de cães, gatos, aves, serpentes, práticas rituais de felação ou penetração cloacal acompanhadas de assassinatos e torturas, atrofias diversas impostas a animais domésticos:[32] é este o retrato fiel da zoofilia atualmente,[33] um verdadeiro mau-trato legal, mas comparável, como os experimentos de laboratório inúteis, a uma forma de escravidão.

É forçoso constatar que é de fato a difusão globalizada de cenas pornográficas entre humanos zoófilos e animais condicionados por mestres adestradores[34] que deve ser apontada nos dias de hoje como a expressão de um sistema perverso, coletivo e anônimo, muito mais que as relações carnais reais entre os camponeses e seus animais, ou entre os citadinos e seus animais de estimação. Num caso, os zoófilos praticantes ou potenciais são incitados a se tornar adeptos de um vício cruel que os leva a fruir

---

[32] Supressão das garras dos gatos, amputação das asas dos pássaros para impedi-los de voar, extração dos dentes dos macacos etc. Todos esses maus-tratos cirúrgicos são corriqueiramente infligidos, decerto sob anestesia, e portanto sem sofrimento. Nem por isso derivam menos de uma atitude perversa a respeito do corpo do animal. Cf. Catherine Simon, "Qui a peur des nouveaux animaux de compagnie?" *Le Monde,* 19-20 dez 2004.

[33] Os animais morrem com freqüência espontaneamente das seqüelas de uma penetração cloacal praticada por homens. São as mulheres que se entregam com mais freqüência à felação com animais, os quais podem às vezes ser amestrados para terem relações sexuais com humanos.

[34] De nada adianta as fotografias de caráter zoófilo expostas nos sites pornográficos da web serem lícitas, uma vez que são tão pavorosas de se ver quanto as dos sites pedófilos ilegais. Verifica-se hoje um forte contraste entre o mercado da mídia pornográfica de caráter zoófilo, em plena expansão, e a estimativa do número real de zoófilos: 1% da atividade sexual humana. Cf. Philippe Brenot (org.), *Dictionnaire de la sexualité humaine*, Paris, L'Esprit du Temps, 2004.

A sociedade perversa 185

do animal como de uma mercadoria; no outro, agem por conta própria, de forma pulsional, mas sem a mediação de um terceiro instituído.

De uma maneira mais genérica, podemos dizer que, pela identificação com o ideal de uma fetichização globalizada do corpo e do sexo dos humanos e dos não-humanos, e através da primazia generalizada de uma supressão de todas as fronteiras — o humano e o não-humano, o corpo e a psique, a natureza e a cultura, a norma e a transgressão da norma etc. —, a sociedade mercantil de hoje está em vias de se tornar uma sociedade perversa. Aliás, tanto pela difusão de imagens quanto pela instauração de uma pornografia virtual, regulamentada, limpa, higienista, sem perigo aparente. Essa sociedade, de certa forma, é mais perversa que os perversos que ela não sabe mais definir mas cuja vontade de gozo ela explora para em seguida melhor reprimi-la. Quanto às teorias antiespecistas sobre a liberação animal, assim como diversas outras do mesmo gênero, que parodiam o ideal do progresso e do Iluminismo, não passam do avesso puritano da face visível dessa pornografia domesticada.

O que o exemplo das representações da zoofilia, e dos diversos dispositivos narrativos que as sustentam, revela é que, mais uma vez, como no século XIX, o discurso psiquiátrico fornece à sociedade contemporânea a moral que esta procura.

A sexologia de antigamente servira para classificar os perversos em diversos tipos, para nomear ao infinito as variantes de uma sexualidade julgada anormal, e, por fim, para estigmatizar a periculosidade invisível da criança masturbadora, da mulher histérica e do homossexual. Ora, em nossos dias assistimos a uma inversão dessa perspectiva. Assim como os antiespecistas e outros fanáticos do comportamento querem assimilar o homem a um símio, negando qualquer existência à barreira das espécies, assim também a psiquiatria pretende abolir a própria idéia de uma possível existência da perversão proibindo que seu nome seja pronunciado.

Foi em 1974, sob a pressão dos movimentos de liberação gays e lésbicos, que a American Psychiatric Association (APA) decidiu, por referendo, riscar a homossexualidade da lista das doenças mentais. O caso provocou um escândalo, sugerindo, com efeito, que a comunidade psiquiátrica americana, incapaz de definir cientificamente a natureza da homossexualidade, cedera, de forma demagógica, à pressão da opinião pública ao fazer seus membros votarem acerca de um problema que não era em absoluto da alçada de uma decisão eleitoral. Treze anos mais tarde, em 1987, sem a menor discussão teórica, o termo "perversão" desapareceu — como, aliás, "histeria" — da terminologia psiquiátrica mundial para ser substituído por "parafilia"[35], categoria sob a qual a homossexualidade não era mais inserida.

É possível, naturalmente, achar que esse fato, que se deu em dois tempos — desclassificação da homossexualidade, depois banimento da perversão —, homologou uma vitória decisiva dos movimentos de emancipação das minorias. Após tantas perseguições, os homossexuais, arrastando com eles boa parte do povo dos perversos, tinham enfim conseguido despsiquiatrizar sua sexualidade e impor ao legislador e aos representantes da ciência médica que o amor pelo mesmo sexo podia muito bem ter o mesmo status que o amor pelo outro sexo sem que a sociedade fosse por isso relegada ao caos. A despenalização jurídica da homossexualidade no Ocidente — que se efetuou progressivamente a partir de 1975 — logicamente caminhou junto com sua despsiquiatrização, uma vez que o discurso psiquiátrico, que criara o termo "homossexualidade", nunca foi capaz, desde

---

[35] Parafilia: termo derivado do grego (*para*, desviante, e *philia*, amor) e utilizado literalmente para definir aquele que "procura uma excitação como resposta a objetos sexuais que não fazem parte do modelo estímulo/resposta".

o fim do século XIX, de inventar outra coisa, nesse domínio, a não ser a metamorfose do invertido num doente psíquico.

Porém, examinando mais de perto, percebemos que essa vitória foi também sintoma de um desastre do discurso da ciência médica em sua abordagem do psiquismo. Ela se deu, com efeito, no momento em que os promotores do famoso *Manual diagnóstico e estatístico dos distúrbios mentais* (*Diagnostic and Statistical Manual of Mental Disorders*, *DSM*)[36] estavam em vias de abandonar definitivamente a terminologia psicanalítica, psicodinâmica ou fenomenológica — que humanizara a psiquiatria durante cerca de 60 anos dotando-a de uma filosofia do sujeito —, para substituí-la por critérios comportamentais dos quais estava excluída qualquer referência à subjetividade. O objetivo era demonstrar que o distúrbio da alma derivava exclusivamente da psicofarmacologia ou da cirurgia e que podia ser reduzido a uma desordem, a uma dissociação, isto é, a uma pane de motor.

Segundo essa abordagem agora globalizada — e que portanto exerce autoridade de uma ponta a outra do planeta —, a palavra "parafilia" designa não apenas todas as práticas sexuais antigamente qualificadas de perversas — exibicionismo, fetichismo, bolinação, pedofilia, masoquismo sexual, sadismo sexual, voyeurismo, travestismo —, mas também todas as fantasias perversas que não são em absoluto assimiláveis a práticas perversas. A que se acrescenta a categoria dita das "parafilias não-especificadas": escatologia telefônica, necrofilia, parcialismo (focalização exclusiva numa parte do corpo), zoofilia, coprofilia, clisterofilia, urofilia.

Como vemos, o termo "parafilia" não cobre — exceto pela pedofilia e o exibicionismo — atos considerados pela Lei como

---

[36] Cf. Stuart Kirk e Herb Kutchins, *The Selling of DSM: the Rhetoric of Science in Psychiatry*, Nova York, A. de Gruyter, 1992.

crimes ou delitos: estupro, crime sexual, delinqüência, proxenetismo, terrorismo. Em suma, não inclui os vícios ou as hipertrofias do narcisismo, não obstante definidos por diversos clínicos como do âmbito da destruição de si: toxicomania, bulimia, anorexia etc.[37]

O desaparecimento da palavra "perversão" do léxico da psiquiatria permitiu à ciência médica moderna estigmatizar qualquer um como parafílico: tanto qualquer sujeito com fantasias perversas recorrentes (isto é, boa parte dos habitantes do planeta) quanto outros, que se entregam realmente a práticas sexuais perversas (legais ou ilegais). Se mais ninguém é perverso, uma vez que a palavra morreu, qualquer pessoa é então suscetível de sê-lo, por menos que seja suspeita de ter sido intensamente obsedada, em diversas ocasiões, por fantasias sadomasoquistas, fetichistas, criminosas etc.

Assim, portanto, a perversão é aqui esvaziada de sua substância mediante o recurso a uma terminologia que elude sua parte obscura. Quanto ao sujeito desse novo discurso da ciência médica, é remetido não às suas violências ou paixões, mas a um condicionamento destituído de relação com a linguagem. Corre o risco, além disso, de ser objeto de uma suspeita permanente, uma vez que suas fantasias são agora assimiladas a atos perversos, rebatizados de "parafílicos". Será que irão exigir um dia que as fantasias sejam sistematicamente rastreadas, avaliadas, coisificadas, registradas em dossiês, segundo a lógica mais extrema de uma domesticação do imaginário?

O *DSM*, enquanto classificação perversa da perversão, dos perversos e das perversões sexuais — e que abole sua força caótica —, realiza de certa forma, mas do modo mortífero, o grande projeto de uma sociedade sadiana: abolição das diferen-

---

[37] Cf. Paul C. Racamier, *Le psychanalyste sans divan: la psychanalyse et les institutions de soins psychiatriques* (1970), Payot, Paris, 1993. André Sirotta, *Figures de la perversion sociale*, Paris, EDK, 2003.

ças, redução dos sujeitos a objetos sob vigilância, supremacia de uma ideologia disciplinar sobre uma ética da liberdade, dissolução do sentimento de culpa, supressão da ordem do desejo etc.[38] Entretanto a comparação pára por aí. A utopia sadiana, como sabemos, só pôde ser pensada por um libertino que nunca teve o projeto de implementá-la na realidade. Sade é um autor trágico que levou uma existência de pária e que passou praticamente a vida inteira confinado com criminosos e loucos. Suas narrativas incitam a radicalizar até a deflagração do ato revolucionário, imaginando precipitar assim, numa fantasia destruidora, a transição entre a antiga e a nova sociedade. Ao contrário, os psiquiatras comportamentalistas de hoje são os agentes puritanos de uma biocracia anônima.

Com o triunfo dessa nova psiquiatria do rastreamento, da mensuração e do comportamento, operou-se um deslizamento entre a ordem do saber e a da verdade. Confiscado de sua autoridade em prol de um sistema perverso de que é mero executante, o psiquiatra vê-se confrontado com uma situação que o torna espectador (e não mais ator) da aliança terapêutica. Aliás, ele não cessa de se queixar disso, como atestam petições e outras declarações de clínicos exasperados com a evolução — ou a morte — de sua disciplina.

Em virtude dessa mudança, os pacientes agora são convocados a expor publicamente seu caso arvorando-se como peritos em suas patologias e seus sofrimentos. Assim, fazem sobre si mesmos diagnósticos que não passam, por sua vez, da expressão de uma vasta tirania da confissão.

---

[38] Em 19 de julho de 1993, o Pentágono tornou públicas suas novas diretrizes concernentes aos homossexuais no Exército. Elas estabelecem que o Exército aceita os homossexuais com a condição de que eles não se designem como tais. Trata-se no caso de um procedimento puritano, simétrico ao que leva à elaboração do *DSM*. Judith Butler estudou muito bem essa questão em *Excitable Speech: A Politics of the Performative*, Nova York/Londres, Routledge, 1997.

No mesmo momento, como sabemos, a mídia audiovisual tornou-se, com o consentimento de todos os protagonistas da grande cena pós-moderna da exibição de si, o instrumento proeminente de uma ideologia tão pornográfica quanto puritana. Por toda parte no mundo, a televisão dita de *"reality show"* ou de exploração da intimidade de cada um funciona como o novo hospício dos tempos modernos, um hospício aberto, que deixa de ser alheio ao espírito que inspirou as classificações do *DSM*, vasto jardim zoológico organizado como um reino da vigilância infinita e do tempo suspenso.

Uma sociedade que dedica tal culto à transparência, à vigilância e à abolição de sua parte maldita é uma sociedade perversa. Porém — e aí está o paradoxo —, é também em virtude dessa transparência, erigida pela mídia audiovisual num imperativo categórico, que os Estados democráticos não conseguem mais dissimular suas práticas bárbaras, vergonhosas, perversas. Atesta isso, se necessário, a história da tortura. Quando foi praticada na Argélia com a cumplicidade tácita das mais altas autoridades do Exército francês, as vítimas e historiadores precisaram de anos para apresentar a prova de sua existência. Hoje, como vimos recentemente na guerra do Iraque, os torturadores são os primeiros a exibir seus atos: fotografam-se entre si e se exibem. Cópias são então distribuídas pelo mundo inteiro.[39] Nunca será possível exprimir suficientemente quão múltiplas são as facetas da perversão que permite tanto estimular os progressos da civilização quanto parodiá-los, ou mesmo destruí-los.

Se a sociedade industrial e tecnológica de hoje tende a se tornar perversa ora pela fetichização pornográfica dos corpos, ora através do discurso médico puritano que abole a noção de perversão, ora ainda pela elaboração de teses insensatas sobre

---

[39] Cf. Jean-Luc Douin, *Dictionnaire de la censure au cinéma*, Paris, PUF, 1998.

A sociedade perversa

as relações entre o homem e o animal, resta identificar quem são agora os perversos, onde começa a perversão e quais são os grandes componentes do discurso perverso de hoje.

Excluídos da ordem procriadora e estigmatizados como a parte maldita das sociedades humanas, os homossexuais de antigamente — Oscar Wilde, Proust e os personagens de seus romances — eram reconhecíveis, identificáveis, marcados, estigmatizados. Formavam, como dissemos, o famoso povo dos perversos: uma "raça maldita", aparentada, aliás, como observava Proust, às mulheres (a "raça das tias") ou aos judeus. Uma raça de elite capaz de sublimação. Reconhecidos atualmente por diversos Estados de direito na Europa, seu desejo de fundar famílias torna-os apenas mais perigosos para seus inimigos, porque menos visíveis. Como conseqüência, não é mais a exclusão dos homossexuais do modelo familiar que incomoda os reacionários de todos os matizes: é, ao contrário, sua vontade de fazer parte dele.

Isso mostra claramente que, para integrar a ordem procriadora, os homossexuais foram de certa forma obrigados a renunciar ao lugar a eles atribuído durante séculos. Por conseguinte, temos a impressão de que o discurso perverso é emitido hoje não por rebeldes oriundos da raça maldita e capazes de desafiar a Lei, mas pelos que querem proibir aos ex-invertidos de alcançar um novo status legal. Pois é em nome de uma sacralização da diferença sexual e da noção de preferência de objeto que os defensores desse discurso, hostis às novas normas, opõem-se a toda reforma do Código Civil que vise a transformar o casamento numa união laica entre dois indivíduos, seja qual for o seu sexo.

Da mesma forma, valorizam agora, por uma inversão do olhar, a raça tenebrosa que perseguiam antigamente, buscando mantê-la, custe o que custar, em seu lugar, com medo de verem desmoronar uma ordem normativa que no entanto já não passa da sombra de si mesma. Essa revalorização ridícula e quase fetichista da figura maldita do invertido não se aparenta de forma alguma com uma literatura proustiana. Não passa, no fundo, da versão arcaica do discurso da ciência, que pretende aboli-la suprimindo a palavra que a nomeava.

Mas não basta qualificar de perverso esse tipo de discurso. Também é preciso compreender quais são as grandes figuras que substituíram nos dias de hoje, contra um pano de fundo de puritanismo e pornografia, o trio infernal da criança masturbadora, do homossexual e da mulher histérica.

Quanto mais o discurso da psiquiatria substitui a palavra "perversão" por "parafilia", julgando abolir o que o termo contém de referência a Deus, ao bem, ao mal, à Lei e à sua transgressão, ou ainda ao gozo e ao desejo, mais este reincide na sociedade civil como sinônimo de "perversidade". Nunca se usou tanto como hoje o sintagma "efeito perverso", como para atestar que um programa, fundado originariamente numa justa causa, acaba por produzir resultados opostos aos que haviam sido pensados ou imaginados.

É nessa óptica que Christophe Dejours, observador dos novos sofrimentos sociais, denuncia o capitalismo pós-industrial como um "sistema perverso". Exclusivamente centrado na busca do lucro e na perfeição da avaliação, esse capitalismo quase imaterial engendra o contrário do que pretende executar. Em vez de melhorar o rendimento e a eficiência, produz um estiolamento do tecido social que leva os sujeitos à autodestruição. Daí a multiplicação dos suicídios e dos fracassos econômicos. "Trata-se de desempenhos em termos de lucro", ele aponta,

mas não em termos de melhoria da qualidade do trabalho. Peguemos o tropismo da qualidade total, que atualmente se espalha por toda parte. É um sistema temível e perverso, pois

A sociedade perversa 193

a qualidade total não existe. Se for decretada, as pessoas serão levadas a fraudar e trapacear.[40]

Da mesma forma, e pelas mesmas razões, fala-se cada vez mais em "efeitos perversos" induzidos por determinada lei "progressista" que supostamente estimula a emancipação das minorias[41] ou o confinamento dos detentos. Abandonada pela ciência, a palavra faz assim furor na opinião pública, a ponto de ser repetida peculiarmente, às vezes de forma incoerente, por este ou aquele especialista.

Determinada comissão de ética proibirá, por exemplo, a clonagem terapêutica temendo que ela resulte, por um "efeito perverso", numa prática disfarçada de clonagem reprodutiva. E, da mesma forma, toda inovação científica será motivo de suspeita, sob efeito do terror que inspira a idéia de ver renascer, sob formas "perversas", os ideais antigos de um eugenismo obscuro, o da besta imunda inventada em Auschwitz.

Na sociedade individualista e desencantada que é a nossa, não é raro qualificarmos de "perverso" determinado responsável político a fim de melhor estigmatizar o caráter enganador das promessas que ele faz e que são identificadas então como premeditações, um golpe tortuoso, uma artimanha etc. Nesse aspecto, todas as grandes mitologias contemporâneas relativas ao complô, à conspiração ou à impostura organizada derivam, sem dúvida alguma de uma atualização espontânea da noção de perversão, reelaborada segundo o antigo eixo do bem e do mal, do divino e do satânico.

E, como conseqüência disso, nunca os carrascos fascinaram tanto escritores e jornalistas, agora preocupados em revelar suas

---

[40] Christophe Dejours, "Souffrir au travail", depoimentos colhidos por Stéphane Lauer, *Le Monde*, 22-23 jul 2007.
[41] A ação afirmativa.

torpezas. Nesse sentido, os trabalhos de historiografia oriundos da segunda metade do século XX, após terem glorificado a epopéia dos heróis, voltaram-se para o destino das vítimas, para finalmente se interessarem pelo dos genocidas.

Em suma, se, no vocabulário corrente, a palavra reencontrou a significação aterradora que parecia ter perdido desde seu abandono pela medicina mental, foi efetivamente porque nem a psicologia, nem a etologia, nem a psiquiatria sabem mais pensar a perversão como estrutura ou designar de maneira coerente quem são os perversos. Tudo se passa como se o discurso cientificista, ocupando o lugar de Deus e negando, com seu rechaço da psicanálise e da filosofia, todo o status ao psiquismo e à consciência subjetiva, houvesse perdido não apenas sua cientificidade, como também sua ética.

Essa ciência positivista é, aliás, tão impotente para pensar o status da perversão (e das perversões) que nunca, apesar de todas as pesquisas de ponta nesse domínio, conseguiu estabelecer a menor correlação séria entre estas e uma anomalia genética ou biológica qualquer. Um dia será preciso conformar-se à idéia de que o gozo do mal, se é tipicamente humano, resulta de uma história subjetiva, psíquica, social. E apenas o acesso à civilização, à Lei ou ao progresso permite, como afirmara Freud, corrigir essa parte de nós mesmos que não obstante escapa a qualquer domesticação.

Como conseqüência, e na ausência de um pensamento pertinente oriundo da medicina, da etologia ou da biologia, é o direito que dá às perversões — se não à perversão — sua nova face institucional. O discurso jurídico distingue, com efeito, em matéria de sexualidade, as práticas ditas legais das ilícitas. E, uma vez que o Estado não se intromete mais na intimidade dos cidadãos — o que representa, evidentemente, um progresso considerável —, todas as práticas sexuais perversas entre adul-

A sociedade perversa 195

tos consentâneos[42] são agora autorizadas. Hoje todo sujeito pode livremente ser praticante de *swing*, masturbador inveterado, sadomasoquista, incestuoso, coprófilo, coprófago, fetichista, prostituto, travesti, zoófilo, fanático religioso, adepto da tatuagem, dos *backrooms*, do *piercing*, dos *fist-fucking*, da flagelação ou de uma seita satânica, com a condição todavia de não se exibir na praça pública, não violar as sepulturas, não ocultar cadáveres, não vender seu corpo e seus órgãos para associações com fins lucrativos, não ser antropófago e não maltratar o objeto de sua pulsão (no caso da prática sexual com os animais).

Nesse contexto, os perversos, portanto, não são mais vistos como perversos a partir do momento em que a Lei não os define como perigosos para a sociedade e suas perversões permanecem privadas. E são agora perversos normalizados, autorizados, despenalizados, despsiquiatrizados que reproduzem por sua vez, em livros científicos, eróticos, pornográficos, psicanalíticos, sexológicos, o imenso relato dos prazeres, paixões, transgressões e vícios elaborado desde Sade pelos escritores ou especialistas em história da psicopatologia.

Nunca o sexo, sob suas mais variadas formas, suscitou tantos trabalhos, nunca fascinou tanto, nunca foi tão estudado, teorizado, examinado, sondado, exibido, interpretado quanto em nossa sociedade, que, ao liberá-lo da censura, da coerção e da submissão à ordem moral, julgou descobrir no enunciado do gozo dos corpos a solução do enigma do desejo e suas intermitências.

Como resultado, o direito substituiu a psiquiatria para diferenciar os "parafílicos" autorizados dos "parafílicos" sociais, isto é, aqueles cujos atos são considerados ilícitos: estupradores,

---

[42] Com a condição, é claro, de que eles gozem de todas as suas faculdades mentais. Contudo, existe uma restrição a esse consentimento quando é julgado inoperante. Estima-se, por exemplo, como inoperante o consentimento que uma pessoa dá à sua própria exploração, nos casos, sobretudo, de escravidão doméstica, proxenetismo ou adesão a uma seita delituosa ou criminosa.

pedófilos, assassinos maníacos, criminosos sexuais, exibicionistas, violadores de sepulturas, aliciadores. Identificam-se igualmente nessa categoria de "desviantes" ou "delinqüentes" todos aqueles que, carrascos e vítimas de si mesmos e dos outros, perturbam a ordem pública atentando, com seu comportamento niilista e devastador, contra o ideal veiculado pelo biopoder: homossexuais promíscuos infectados pelo vírus da aids e julgados culpados de transmiti-lo por recusa de qualquer proteção, adolescentes delinqüentes reincidentes, crianças ditas hiperativas, agressivas, violentas, que escapam à autoridade parental ou escolar, adultos obesos, depressivos, narcísicos, suicidas, voluntariamente rebeldes a qualquer tratamento.

No ritmo em que as coisas vão, logo poderemos acrescentar a essa lista — como já se faz no mundo anglófono —,[43] os indivíduos julgados culpados, em virtude de seu comportamento frenético, por desencadearem sua própria doença orgânica.

Porém, no coração dessa hierarquia da miséria humana que tende a se impor na opinião pública, os sem-teto, sujos, alcoólatras, odiosos que vivem com seus cães,[44] são vistos hoje como os mais danosos — isto é, os mais perversos —, uma vez que são acusados de comprazer-se em não trabalhar. E, para apartá-los da pólis, os novos Homais do higienismo moderno pretendem agora combater seu fedor despejando sobre eles substâncias malcheirosas. Mas será que assim se consegue, sem perverter a Lei, lutar contra um fedor com outro fedor imposto pelo Estado?[45]

---

[43] Na Grã-Bretanha, principalmente, os indivíduos acometidos de patologias cancerosas ou cardiovasculares, acerca das quais é estabelecido com certeza que são consecutivas a vício grave (álcool, tabaco etc.), não estão mais sob os cuidados da medicina com os mesmos direitos que os outros pacientes.

[44] Cf. Patrick Declerck, *Les naufragés: avec les clochards de Paris*, Paris, Plon, col. Terre Humaine, 2001.

[45] O prefeito de Argenteuil recentemente adquiriu um produto repulsivo destinado aos sem-teto. Cf. *Le Monde*, 26-27 ago 2007.

Como não ver que o perverso, em tais condições, e ainda que não seja nomeado, é sempre o *outro absoluto* que rejeitamos para além das fronteiras do humano ora para tratá-lo, de forma perversa, como um dejeto, ora, ao contrário, para combater sua tirania, a partir do momento em que ele exerça uma influência nefasta sobre o real? Uma influência tanto mais perturbadora na medida em que seria capaz, pensa-se, de atentar não apenas contra o que o corpo social considera seu *genos* mais precioso — a criança —, mas também contra o que ele próprio é: uma comunidade regida por leis.

Nesse aspecto, foi a figura do pedófilo que substituiu em nossos dias a do invertido, para encarnar uma espécie de essência da perversão no que ela teria de mais odioso, uma vez que ataca a infância, e portanto o humano em devir. Mas é também sobre o terrorista, perverso entre os perversos, que vêm se projetar todas as fantasias contemporâneas ligadas à ameaça de um possível genocídio do corpo social. A propósito, o terrorista contemporâneo é visto, na ordem do mal absoluto, como herdeiro do nazista.

Na história da psicopatologia, Freud foi o primeiro a teorizar a questão da sexualidade infantil e, logo, como já dissemos, a levantar a maldição que se abatia sobre a masturbação. E é efetivamente porque a criança é agora reconhecida ao mesmo tempo como sujeito de direito e criatura sexuada que seu corpo constitui objeto de uma sacralização. Todo médico que pretendesse hoje entregar-se a operações cirúrgicas ou a manipulações corporais para impedir as crianças de tocarem em seu sexo seria considerado um perverso e lhe oporiam naturalmente a superioridade da farmacopéia. Quanto à masturbação dos adultos — quando não é acompanhada de exibicionismo ou distúrbios compulsivos que levam ao assédio —, não é mais vista como uma prática perversa. Muito pelo contrário.

Nunca o sexo solitário foi tão valorizado como depois que o culto do narcisismo tornou-se dominante na sociedade da transparência sexual que é a nossa. Após ter sido pensado, na perspectiva freudiana, como uma etapa normal da sexualidade, o "perigoso suplemento" é hoje reivindicado como o desfecho derradeiro de um movimento emancipador. E isso tanto mais na medida em que o sexo solitário é o melhor meio de evitar os parceiros estorvantes, os conflitos dolorosos, os ciúmes passionais — e sobretudo o flagelo das doenças sexualmente transmissíveis. Da mesma forma, tornou-se uma "orientação sexual" totalmente à parte e reivindicada como tal num mundo em que o sujeito não cessa de ser confrontado não apenas com sua própria finitude, como com o prazer que lhe proporciona a indústria das *sex-shops*, com a colocação no mercado, para as mulheres, de uma quantidade infinita de pênis artificiais cada vez mais sofisticados, e para os homens, bonecas infláveis de todo tipo.[46]

A propósito, a masturbação combina muito bem com o voyeurismo: "Infiltre-se na intimidade de centenas de moças", diz um e-mail enviado a milhares de internautas.

Assuma o controle de mais de 200 câmeras espalhadas pelo mundo inteiro. Toaletes, chuveiros, quartos, salões, piscinas, consultórios de ginecologia, saunas, jaccuzzis, banheiros. Você verá tudo que elas fazem sem que elas o vejam. Elas se entregam em sua intimidade. Somos todos mais ou menos curiosos e voyeurs. Hoje é sua chance de poder observar tranqüilamente, sem medo de ser visto, o que acontece na realidade.

Resta que esse magnífico programa, talvez apropriado para satisfazer o individualismo pós-moderno, não passa da manifestação desesperada de uma tentativa de superação per-

---

[46] Cf. Thomas Laqueur, *Solitary Sex*, op.cit.

versa do auto-erotismo. E é a Philip Roth, grande romancista contemporâneo dos tormentos do desejo, que devemos as páginas mais flamejantes sobre os furores da "punheta":

> Em meio a um universo de lenços engomados, kleenex amassados e pijamas manchados, eu manipulava meu pênis nu e inchado no temor perpétuo de ver minha ignomínia descoberta por alguém justamente no instante em que eu descarregava .... "Meu Grande, meu Grande, oh, dê-me tudo", implorava a garrafa de leite vazia que eu guardava escondida em nossa despensa de lixo no subsolo para deixá-la louca depois da escola com minha vara vasilinada. "Venha, meu Grande", berrava o pedaço de fígado delirante que na minha aberração comprei uma tarde no açougueiro e que, acreditem ou não, eu estuprava atrás de um outdoor, a caminho para uma lição preparatória para o bar-mitsvá.[47]

Ao contrário do que poderíamos acreditar, a pedofilia[48] sempre foi vista como um ato transgressivo, carregado de perversidade, mesmo numa época em que os casamentos entre adolescentes, ou entre raparigas e anciãos, eram arranjados pelas famílias. O marquês de Sade, como sabemos, preconizava sua prática em seus livros sem haver se dedicado a ela em vida.

Krafft-Ebing a denomina "pedofilia erótica" e a aproxima do fetichismo, uma vez que, em tais atos, o corpo da criança não é senão um objeto de gozo. Considera os abusadores sexuais como tarados ou degenerados, seja qual for a natureza da inclinação (ódio ou amor à criança). Mas reserva o termo, evidentemente, para qualificar a relação sexual entre um adulto e uma

---

[47] Philip Roth, *O complexo de Portnoy* (1967), trad. de Paulo Henriques Brito, São Paulo, Companhia das Letras, 2004.
[48] O pedófilo é freqüentemente um homem. E, quando é o caso de uma mulher, é em geral por incitação do homem que a transforma em sua escrava.

criança impúbere, a fim de não confundir a pedofilia com a pederastia por um lado, ou com o hebéfilo do outro. O primeiro termo, como dissemos, remete à tradição grega da homossexualidade, enquanto o segundo designa a atração específica de um adulto (homem ou mulher) por adolescentes púberes.

Por conseguinte, e mesmo com a Lei proibindo atualmente toda relação sexual com um menor de 15 anos, é difícil qualificar de pedófila, no sentido estrito do termo, uma relação carnal que unia, por exemplo, um(a) adolescente de 14 anos com um(a) jovem adulto(a) de 16 ou 18 anos.[49]

Foi no fim do século XIX, e justamente quando os médicos voltavam a acuar a criança masturbadora, que começou a ser levada em conta a questão dos abusos sexuais — incestuosos ou não — cometidos pelos adultos contra as crianças de tenra idade. Esses abusos haviam sido por muito tempo dissimulados, tendo sido necessárias a extensão da psicanálise, de um lado, e as observações da sexologia, do outro, para que fossem postos em evidência. Nessa época, esses abusos não eram confessados diretamente pelas crianças no momento do ato, mas anos mais tarde, quando, adultos, essas mesmas crianças confessavam-se a seus terapeutas. Se as vítimas — mulheres histéricas em geral — atestavam assim seus sofrimentos no consultório privado dos médicos da alma, os agressores, por sua vez, permaneciam silenciosos. E não admitiam sua perversão senão quando se viam confrontados com a medicina legal, em conseqüência de um atentado contra os bons costumes. Em outras palavras, os pedófilos "comuns", que, sem serem assassinos de crianças nem sequer aparentemente criaturas violentas, entregavam-se a bolinações, no seio das famílias, seja sobre seus próprios filhos, seja sobre outros de seu círculo, consideravam que o corpo

---

[49] A pedofilia, no sentido estrito, é portanto um crime sexual cometido por um adulto contra o corpo de uma criança (e não um aliciamento de menor).

da criança lhes pertencia e que a sedução era induzida pela própria criança, desejosa de agradar sexualmente ao adulto.

As confissões em retrospecto eram tão freqüentes que Freud pensou, num primeiro momento, que a neurose histérica tinha como origem traumática um abuso sexual vivido durante a infância. E, convencido da correção dessa *neurotica*, chegou mesmo a suspeitar de seu velho pai, Jacob Freud, como um perverso que teria obrigado alguns de seus filhos a lhe praticar felações. Porém, num segundo momento, numa carta célebre, datada de 21 de setembro de 1897, renunciou a essa teoria, dita "da sedução", para afirmar que, ainda que houvesse abusos bem reais, estes não podiam ser considerados a causa única da neurose. Forjou então a noção de fantasia, demonstrando que aquelas famosas cenas sexuais, sobre as quais se interrogavam todos os cientistas de sua época, podiam muito bem ter sido imaginadas e que a realidade psíquica não era da mesma natureza que a realidade material.[50]

Em nossos dias, quando os pedófilos (transformados em parafílicos) são designados como doentes acometidos por um "distúrbio da opção sexual", as próprias crianças são requisitadas para as confissões, ainda que subsista, na Lei, a validade do testemunho retrospectivo. Isso se deve à transformação do status da criança nos dias de hoje. A partir dos trabalhos de Freud e seus sucessores, a criança não é mais considerada uma criatura pura e inocente, mas, ao contrário, um "perverso polimorfo" cuja sexualidade deve ser educada sem ser nem reprimida nem, principalmente, excitada por tentativas de sedução. Como conseqüência, seu corpo tornou-se ainda mais proibido, na medida em que se tomou consciência dos efeitos desastrosos

---

[50] Sigmund Freud, *Lettres à Wilhelm Fliess* (1887-1904), op.cit. Acerca dos diversos debates a respeito do abandono da teoria da sedução por parte de Freud, cf. Elisabeth Roudinesco, *Por que a psicanálise?* (Paris, 1999), Rio de Janeiro, Zahar, 2000.

dos abusos perpetrados na infância. E, por conseguinte, as confissões tendem a ser levadas ao pé da letra.

Ora, a experiência mostra que, se "a verdade sai da boca das crianças", sai dali deformada, reinterpretada. Ou seja, as crianças vítimas de abusos comumente acusam, além de seus aliciadores ou em seu lugar, outras pessoas, da vizinhança ou de alhures. A partir de uma realidade traumática vivida, elas inventam cenas sexuais freqüentemente extravagantes,[51] imaginam redes, complôs, forças ocultas. E, como a pedofilia contemporânea é amplamente exibida em sites pornográficos, e supermidiatizada a cada ato de reincidência, não é raro que a fantasia coincida com a realidade virtual.

Seja abusada, negligenciada, espancada, odiada, abandonada, seduzida por um adulto que lhe é próximo, a criança continua a sofrer um "assassinato da alma". Nessas situações, perde o respeito por si própria ao mesmo tempo em que se julga culpada pelos maus-tratos que lhe infligem, o que a leva em seguida a repetir esses atos, até a se tornar carrasco de si mesma e de seus próprios filhos. "Há histórias contadas por pacientes", escreve Leonard Shengold,

> que poderiam fazer soluçar um psiquiatra: "Meu pai batia tão forte que nos quebrava os ossos ...". "Minha mãe colocava água suja nos flocos de aveia do meu irmão retardado mental ...". "Minha mãe deixava a porta do seu quarto aberta quando levava homens para casa para nos mostrar que dormia com eles ..." "Meu padrasto tomava banho comigo e me fazia chupá-lo até que ele ejaculasse, e, quando contei à minha mãe, ela me deu um tapa me chamando de mentiroso."[52]

---

[51] Como no caso de Outreau [nome da cidade francesa onde foi julgado um rumoroso caso de pedofilia] (N.T.)].

[52] Leonard Shengold, *Soul Murder: Effects of Childhood Abuse and Deprivation*, New Haven, Yale University Press, 1989.

As confissões não incidem apenas sobre os abusos sexuais; elas revelam também, como relata Shengold, torturas morais em que o ódio e a indiferença, o silêncio e a loucura disfarçada reinam soberanos. Atesta isso a história de um rapaz depressivo e suicida oriundo de uma riquíssima família. Seu pai, alcoólatra, sempre o tratara como um objeto, ao passo que manifestava um amor desmedido por seus cavalos. Quanto à sua mãe, nunca deixara de humilhá-lo mesmo quando lhe proporcionava, com um luxo exagerado, suntuosas satisfações materiais. Quando ela soube que ele havia feito uma análise, ofereceu-lhe como presente de aniversário um par de pistolas que haviam pertencido a seu próprio pai.

Já vimos como a infância de determinados grandes perversos era pontuada por tais atrocidades. E também sabemos que as crianças vítimas de ódio, agressão, maus-tratos, "assassinato da alma", no recôndito da intimidade familiar, tornam-se, muito mais que outras, a presa sonhada dos pedófilos, que as seduzem com facilidade com carícias ou palavras benevolentes para em seguida destruí-las com a convicção perversa de que o desejo de sedução advém da própria criança.

Mas, se os sofrimentos das vítimas são doravante admitidos, o que acontece com o tratamento daqueles agora denominados "desviantes sexuais"?

Há 20 anos, nos Estados Unidos e no Canadá, os psiquiatras especializados em sexoterapia ministram a esses perversos, com seu consentimento, diversos e curiosos tratamentos da alma e do corpo. Instalados em clínicas transformadas em laboratórios de pesquisas, eles fornecem a esses pacientes, que se deleitam em ser dessa forma instrumentalizados, um arsenal de *gadgets* tecnológicos e imagens de síntese destinados a satisfazer todas as suas exigências. Procurando extrair a verdade psíquica do próprio corpo do sujeito, eles os encorajam a assistir *até não mais poder* filmes pornográficos ao mesmo tempo que os amarram a múltiplos aparelhos com a função de mensurar a intensidade de suas emoções ou suas ereções: luxmetror, termistor, transdutor, polígrafo standard, integrador cumulativo medindo a resposta pupilar etc.[53] Chegam inclusive a alugar "parceiras" para eles, as quais têm como missão retificar os defeitos de sua cognição com bolinações ou atos sexuais que se desenrolam em presença dos terapeutas. Assim, os perversos sexuais, denominados desviantes, são *obrigados por vontade própria* a se tornar ratos de laboratório.[54]

São convidados a repetir fantasisticamente seus atos delituosos a fim de torná-los indesejáveis em virtude de condicionamento. Em seguida são incitados a se reeducar efetuando, sob controle, coitos ditos normais. Quando os diversos tratamentos são declarados ineficazes, os médicos do sexo preconizam a castração, química a princípio (por ingestão de hormônios),[55] depois cirúrgica (por ablação dos testículos). Também, nesse caso, os voluntários são legião.

É possível enaltecer o sucesso de tais práticas? É admissível, por exemplo, ministrar, a seu pedido, eletrochoques a um travesti em vias de mudar de roupa a fim de curá-lo de seu hor-

---

[53] Cf. Sylvère Lotringer, *À satiété*, Paris, Désordres-Laurence Viallet, 2006. Observemos que um dos fundadores das terapias comportamentais, Hans Jurgen Eysenck, que havia sido obrigado a fugir da Alemanha nazista, nem por isso ficou menos marcado por teorias desigualitaristas, como atesta sua obra *The Inequality of Man*, Londres, Temple Smith, 1973.

[54] No momento em que, como destacamos, os defensores do reino animal condenam os sofrimentos inúteis infligidos aos ratos por outros pesquisadores.

[55] Trata-se de diminuir a secreção de testosterona — o hormônio sexual masculino que age sobre o desejo sexual — com a ajuda de medicamentos utilizados para o câncer de próstata. Esses tratamentos além de não arrefecerem as "vontades sexuais" dos pedófilos, provocam-lhe dores articulares com um risco de embolia pulmonar. Outras moléculas são atualmente testadas em voluntários, combinadas com terapias comportamentais.

ror de ser um travesti? Tem-se o direito de fazer um homossexual vomitar por meio de medicamentos sempre que tem uma ereção a fim de afastá-lo, a seu pedido, de uma homossexualidade que lhe inspira tanto ódio?

De um modo geral, é correto dar uma resposta exclusivamente cirúrgica, comportamental ou medicamentosa a perversos sexuais quando se sabe que a taxa de reincidência, uma vez que são punidos pela Lei, é relativamente fraca?[56] Não seria preferível recorrer a tratamentos mais clássicos que combinassem todas as abordagens possíveis — tratamento químico, psicoterapia, vigilância, tutela social, confinamento[57] —, mas não se baseassem em protocolos herdados da medicina preditiva? É mais do que sabido que é caso a caso que esses sujeitos devem ser tratados, não porque sofreriam de uma doença, mas porque sua subjetividade é pervertida.[58] Nesse aspecto a existência da Lei, e portanto da sanção, é essencial, como apontava Freud, muito mais que o condicionamento, para o controle das pulsões erroneamente ditas "incontroláveis".

Porque são perversos, e não loucos ou delirantes, os pedófilos passam ao ato em plena lucidez, após terem verificado que nenhum perigo os ameaça: proximidade de um policial, de testemunhas, resistência da criança à sedução etc. Portanto, digam o que disserem, eles controlam sua pulsão, e eis por que recorrem, quando podem, ao turismo sexual em países onde a escravidão das crianças é organizada.

---

[56] De 9 a 13% dependendo dos países, para os adultos, e de 2% para os adolescentes. Devo a Sylvère Lotringer uma documentação importante sobre a questão.

[57] Contanto que a prisão não acarrete o agravamento da condição dos perversos, não raro estuprados ou agredidos pelos outros detentos, que pretendem assim puni-los fazendo-os sofrer o mesmo que causaram aos outros.

[58] A tutela por meio de tratamentos perversos não diminui a taxa de reincidência.

Resta que os perversos sexuais mais perigosos, estupradores e criminosos de crianças reincidentes, terminam sempre por desafiar a Lei e a medicina, como se, por seu furor, se deliciassem em colocar em xeque todas as formas de sanção exacerbando a vontade punitiva da sociedade — ou mesmo voltando o poder das drogas a seu favor.[59]

Nenhum experimento conseguiu provar que os tratamentos perversos fossem eficazes. Os perversos desafiam a Lei. E, se a ciência, substituta da Lei, estimula essas "terapias", não faz senão incitar o perverso a desafiar mais a Lei. Stanley Kubrick demonstrou muito bem esse mecanismo em *Laranja mecânica*. No caso de tais atos — freqüentemente comparados a crimes contra a humanidade —, a humanidade não deve prevalecer sobre o crime?

No fundo, esses tratamentos perversos não passam da volta disfarçada dos antigos castigos corporais. E não são mais eficazes que as sangrias e as purgações que os médicos de Molière ministravam a seus pacientes, antes da era da medicina científica. É de se estranhar, nesse aspecto, que os adeptos desse comportamentalismo desvairado[60] ainda não tenham considerado a possibilidade de, em caso de reincidência manual ou oral, decepar-se as mãos ou a língua dos abusadores já química ou cirurgicamente castrados. Talvez isso venha a acontecer um dia.[61]

Num notável artigo, Daniel Soulez-Larivière enfatiza que, em

---

[59] Eles geralmente drogam as crianças a quem estupram ou ingerem excitantes para estimular a libido com mais facilidade.

[60] Que ainda não foi introduzido na França.

[61] Esses tratamentos excessivos são denunciados por sua inutilidade (sempre que um caso de reincidência espetacular é veiculado pela mídia) pela maioria dos magistrados e advogados. Alguns chegaram a denunciar o "populismo penal" que preside a exploração cínica da perturbação suscitada por atos de pedofilia, destacando aliás que, na maior parte das vezes, as reincidências devem-se à falta de recursos financeiros dedicados à tutelagem dos delinqüentes no início de seu confinamento. Cf. Françoise Cotta e Marie Dosé, "Populisme pénal", e Yves Lemoine, "La place de l'enfant", *Libération*, 24 ago 2007.

razão do terror agora suscitado pelo pedófilo, a idéia de eliminação, que desaparecera desde a abolição da pena de morte na França e na Europa, foi sub-repticiamente reintroduzida no direito: "A reincidência zero só é possível com a eliminação total do delinqüente. Assim como a ausência total de acidentes de avião só é possível com o fim da navegação aérea."[62]

Como é possível desconfiar, a implementação desses tratamentos[63] teve como efeito estimular a idéia segundo a qual era possível prevenir, e não apenas tutelar, a sexualidade dita desviante — por exemplo, colocando as fantasias sob vigilância ou proibindo a supostos pedófilos o convívio com adolescentes. Recentemente, na Califórnia, um perverso sem ficha criminal nem antecedentes registrados, mas desejoso de gozar com o terror que podia inspirar, declarou-se publicamente pedófilo e amante de garotinhas, fornecendo, em seu site, locais para possíveis encontros. A pedido das famílias, as autoridades locais proibiram que ele se aproximasse de crianças e adolescentes com menos de 17 anos. Em seguida foi banido e visto como um pestífero.[64]

Satisfeitos com seus resultados, os médicos do sexo chegaram a pensar que a prevenção da delinqüência, para ser eficaz, devia incidir não apenas sobre pacientes potencialmente perversos (adultos ou adolescentes), como também sobre uma população até então preservada: as crianças de menos de três anos. Se, na França, esse programa suscitou um considerável movimento de protesto[65] — ou mesmo de repulsa —, foi im-

---

[62] Daniel Soulez-Larivière, "L'Émotion et la raison", *Le Figaro Magazine*, 25 ago 2007.

[63] Introduzidos nos Estados Unidos nos anos 1980, acompanhando as transformações do *DSM*.

[64] Carla Hall, "Restraining order against pedophile OK'd", *Time Staffwriter*, 4 ago 2007.

[65] Uma petição lançada pelos pedopsiquiatras foi assinada por 200 mil pessoas. Cf. *Prévention, dépistage du comportement chez l'enfant?*, atas do colóquio *Pas de zéro de conduite pour les enfants de trois ans*, Société Française de Santé Publique, col. Santé et Société, 11 nov 2006.

plantado no Canadá e na Grã-Bretanha. Trata-se de impingir que uma política verdadeira em matéria de delinqüência seria muito mais da alçada de uma prática de rastreamento, genético ou orgânico, que de uma prevenção no sentido clássico. E eis por que passou-se do rastreamento dos comportamentos dos bebês ao dos fetos. Em maio de 2007, foi lançado um programa britânico visando a identificar, mediante todo tipo de exames médicos, e 16 semanas após sua concepção, os futuros bebês com maior "risco" em termos de exclusão social e de potencial criminoso: "O objetivo dessa estratégia governamental de parentalidade", dizem, "é restituir o controle aos pais, melhorar as condições de vida de seus filhos, antes mesmo do nascimento, evitando que se tornem delinqüentes."[66]

E, para dar mais crédito a esse programa, as autoridades sanitárias resolveram apoiar-se em imagens cerebrais que indicariam a existência de diferenças neurológicas entre os cérebros de crianças amadas por seus pais e os cérebros das que não o seriam. Na realidade, este último programa é destinado a ajudar, desde a gravidez, mães solteiras em dificuldade ou oriundas de um meio desfavorecido. Mas para isso será preciso invocar, em benefício de um plano de ajuda aos mais pobres, as perícias cerebrais ou as diferenças neurológicas sem nenhum caráter significativo? Até o dia de hoje, como sabemos, nada permite estabelecer, no atual patamar da ciência, a menor correlação entre a delinqüência ou o "desvio" sexual e uma modificação cerebral ou neurológica qualquer. Que o cérebro humano, em sua fantástica plasticidade, seja sensível às variações dos estados psíquicos é um fato evidente. Mas isso não significa que seja possível deduzir daí uma significação qualquer de nossos atos, de nossos desejos, de nossa história, de nossa re-

---

[66] Jean-Marc Manach, "Un programme britannique pour éviter les bébés délinquants", *Le Monde*, 16 mai 2007.

lação com o bem e o mal. O cérebro não passa, desse ponto de vista, do órgão que nos permite saber que pensamos.

Se por um lado esses tratamentos bárbaros desapossavam os perversos de sua perversão, sem com isso eliminar seu desejo de prejudicar o outro e a si mesmos, por outro são igualmente aplicados a uma outra categoria de pacientes: os neuróticos obsessivos, apresentados pelo *DSM* como deficientes acometidos por graves distúrbios orgânicos.[67] Submetidos a intervenções cirúrgicas infrutíferas, eles são expostos, como animais de laboratório, a diversas técnicas inúteis de estimulação por eletrodos, utilizadas com procedência para doenças neurológicas[68] mas sem eficácia alguma para as neuroses — a não ser tornar o paciente mais doente do que já é. É um florilégio de denominações que acompanha essas práticas perigosas e mutiladoras: capsulotomia anterior, cingulotomia anterior, tractomia subcaudal, leucotomia bilímbica etc.[69]

A partir de 11 de setembro de 2001, além do pedófilo, principal agente de destruição das genealogias familiares, a figura dominante do perverso é também o terrorista, isto é, aquele que consegue não apenas suprimir a fronteira dos Estados e das nações para se tornar seu próprio Estado auto-referenciado,[70] mas voltar contra ela mesma a ciência mais avançada já produzida pelo Ocidente. O terrorista de hoje — o que foi formado no saber científico no serralho das melhores universidades americanas, sendo às vezes inclusive bajulado — é aquele que se mos-

---

[67] Visto que seu distúrbio obsessivo foi rebatizado como TOC (transtorno obsessivo-compulsivo).

[68] O mal de Parkinson sobretudo.

[69] Cf. Steven Wainrig, "Psychiatrie: vers le nouveau sujet TOC", *Le Monde*, 6 dez 2006.

[70] O que agora é chamado de um "Estado vadio". Cf. Jacques Derrida, *Voyous*, Paris, Galilée, 2003.

tra capaz de perverter o saber de que ele próprio se alimentou, a ponto de nele haurir os meios de um aniquilamento do planeta. Oriundo em geral de uma família honrada, e aparentemente normal, perfeitamente integrado na sociedade em que vive e trabalha — em Londres, Berlim, Nova York ou qualquer outro lugar —, leva na realidade uma outra vida, de fanatismo e ódio, até o dia em que, numa reviravolta espetacular, e sem sequer visar a um adversário qualquer, faz de seu corpo uma arma de destruição, gozando tanto com a própria morte como com a de suas vítimas potenciais.

Esse terrorista, o que explodiu as Torres Gêmeas no 11 de Setembro, nada tem a ver com o kamikaze do Japão imperial, que precipitava seu avião sobre alvos militares, nem com os instaladores de bombas engajados antigamente numa luta pela libertação de seus países e compelidos, de certa forma e independentemente do que se pense, a usar tais armas. Claro, um suicida é um suicida. Porém, como já apontei a propósito do suicídio nazista, nem todas as mortes voluntárias, em política e na guerra, têm a mesma significação.

Figura hedionda da perversão, o terrorismo islâmico é tanto um produto da razão ocidental, às voltas com a deriva de seus princípios, quanto a expressão de uma vontade, para aquele que é seu agente, de se subtrair ao passado. Pois, destruindo os significantes de um sistema aviltado, o partidário de Osama bin Laden renega tanto o Iluminismo do Ocidente quanto o do islã. Rompe o laço que o remete à sua história, isto é, ao reino do monoteísmo, à religião da Lei. E não é por acaso que as imprecações exangues desses barbudos deletérios, que elegeram como príncipe das trevas um gênio da tecnologia (cuja beleza física, cabe observar, degrada-se, como a do retrato de Dorian Gray à medida que ele soçobra na criminalidade), tomam como alvo a famosa liberdade sexual dita degenerada que a democracia concede às mulheres.

Para esses islamitas, a mulher enquanto tal, isto é, enquanto ser de desejo, é a própria figura da perversão, ainda mais que o homossexual, que não faz, a seus olhos, senão travestir sua masculinidade. Eis por que essa mulher, quando foge da servidão voluntária e tenta furtar-se à submissão que é seu único destino, deve ser espancada, atormentada, torturada, apedrejada, assassinada. Encarnando a impureza radical, sua única escolha é entre a dissimulação de seu corpo e a morte de sua identidade.

Tampouco é um acaso a existência de uma certa simetria entre o fundamentalismo religioso que se desenvolve nos Estados Unidos e o islamismo radical. Ambos têm como impulso um princípio de terror, ambos têm como alvo de dominação uma vontade de controle sobre a sexualidade, ambos apóiam-se no discurso da ciência para perverter seus ideais em nome de uma religião maniqueísta fundada no eixo do bem e do mal. Mas a democracia, mesmo devastada por seus demônios interiores, é sempre perfectível, ao passo que esse terrorismo, mal absoluto, é inapto à negociação, alheio à redenção, incapaz de qualquer vislumbre da razão: para ele, conta apenas o gozo da morte. O que não é uma razão para lhe infligir, como ao pedófilo, tratamentos bárbaros.

Ao longo de todo este capítulo, mostramos que a ciência médica moderna, que conseguiu aliviar a humanidade de boa parte de seus sofrimentos — tratando com excepcional eficácia a quase totalidade das doenças —, nunca obteve resultados idênticos no domínio do psiquismo. E ainda que, por intermédio da psicofarmacologia, tenha conseguido a façanha de mudar a fisionomia da loucura ao pôr fim aos horrores do hospício e do confinamento de longa duração, ela sempre esbarrou, em se tratando das perversões, em seus próprios limites.

Sejam artífices das mais altas criações da civilização ou, ao contrário, adeptos de um puro gozo de destruição, sejam, por sua vida miserável, designados como a parte maldita das sociedades, os perversos, por sua força psíquica, resistem efetivamente a toda forma de medicalização. Num mundo em que Deus não pode mais ouvi-los, desafiam a ciência para ridicularizá-la. E, quando alguns dela se apoderam, é para aprimorar uma arma de guerra a serviço de sua pulsão criminosa.

Há um domínio, todavia — o da metamorfose cirúrgica e hormonal do corpo —, no qual a força psíquica soube impor sua vontade ao discurso da ciência.

Desde sempre, alguns humanos tiveram a convicção de pertencer a outro sexo que não o de sua anatomia, a ponto de querer mudá-lo, indo mesmo além de um simples travestimento. E, assim como nas grandes mitologias, os deuses copulavam com os humanos metamorfoseando-se em animais, da mesma forma homens e mulheres imaginaram ao longo dos tempos, como Tirésias, poderem conhecer simultaneamente os prazeres sexuais da ereção, da ejaculação e do orgasmo feminino.

Sejam eles hermafroditas[71] ou travestis, essas criaturas híbridas, vistas antigamente como anormais, foram objeto de um fascínio e uma repulsa tanto maiores quanto mais pareciam carregar sobre seus corpos os estigmas visíveis de um erotismo transgressivo. Por muito tempo condenado pela Lei como "crime de perjúrio", o travestimento, como observamos a propósito de Joana d'Arc, era visto na tradição judaico-cristã e sob o Ancien Régime como uma prática infame, sobretudo quando desvinculado da necessidade de dissimulação da identidade para proteger a vida. Era proibido para os homens como aviltamento da virilidade e efeminação semelhante a uma inver-

---

[71] Filho de Hermes e Afrodite, Hermafrodita tinha pênis e seios. Chama-se hermafroditismo uma certa anomalia de tipo hormonal: o indivíduo acometido por ela é portador de uma vulva encimada por um pênis atrofiado no lugar do clitóris.

A sociedade perversa 213

são, e, para as mulheres, como vício contra a natureza, uma vez que lhes permitia abolir a diferença dos sexos.[72]

Rebatizado como travestismo, o travestimento foi assimilado a uma perversão sexual pela medicina mental do século XIX, a partir do momento em que deixava de ser um disfarce eventual ligado ao carnaval, à festa, a um jogo vestimentar ou a uma necessidade social,[73] e passava a ser uma prática dita desviante, resultado seja de uma inversão, freqüente nos homossexuais prostitutos, seja de uma variante do fetichismo. Nesses dois casos paradigmáticos, o travesti — em geral um homem — goza por ser assimilado a um objeto vestimentar através do qual dissimula seu próprio sexo, exagerando até o estereótipo as características de uma feminilidade de aparência: uso de lingerie fina ou saltos-agulha, maquiagem extravagante, perucas de cores vivas etc.[74]

Se os médicos manifestavam uma grande compaixão pelos hermafroditas, acometidos por uma anomalia pela qual não eram julgados responsáveis, e que fazia deles vítimas de um destino natural, mostravam-se de bom grado atentos ao que chamavam de hermafroditismo psicossexual, distinto do travestismo: os homens eram seus principais objetos, convencidos de terem uma alma do outro sexo e dispostos a se mutilar para corrigir o erro monstruoso que a natureza lhes infligira.

Esses indivíduos não usavam trajes femininos para se travestir, mas queriam *ser mulheres* porque estavam convencidos de já o serem: "Amo minha mulher como uma amiga ou uma irmã querida", podemos ler num dos casos relatados por Krafft-Ebing,

mas, todos os dias, sinto que ela se torna cada vez mais uma estranha ... . A idéia de rejeitar essa horrível existência an-

---

[72] Cf. Sylvie Steinberg, *La confusion des sexes*, op.cit.
[73] Arranjar um emprego, por exemplo.
[74] Hoje chamados de *drag queens*.

tes de chegar à loucura não me parece mais um pecado ... . E, como um raio, a seguinte idéia explode na minha cabeça: "Sua vida acabou, ela era anormal. Os cientistas e a ciência podem aprender com essa estrutura somática e psíquica. Vá consultar um médico, ponha-se a seus pés se for preciso e implore a ele para utilizá-lo como sujeito voluntário de testes." E, com essa idéia, despertou também novamente o egoísmo da vida: "Talvez o médico e o pesquisador possam ajudá-lo a descobrir uma nova vida. Transplante, Steinach! Ele teve um sucesso fabuloso transformando os sexos nos animais; não será possível tentar cientificamente esse experimento num sujeito humano que se preste a isso voluntariamente, num homem que assuma todas as conseqüências por isso, e a quem apenas essa possibilidade é capaz de proteger de uma loucura e uma morte inevitáveis?" Com mil preces, entrei num acordo com Deus e essa iniciativa não contradiz em nada os sentimentos religiosos e morais, ao passo que minha existência, até aqui, foi se tornando cada vez mais terrivelmente imoral com todas as suas contradições e exigências.[75]

Esse paciente anônimo não desconfiava, do fundo de seu sofrimento, que um dia seu anseio viesse a se tornar realidade. Em 1949, a síndrome de hermafroditismo psíquico foi retirada da lista das perversões sexuais para ser definida em seguida como transexualismo,[76] depois disforia de gênero, isto é, como um distúrbio não da sexualidade, mas da identidade sexual. E, enquanto os psiquiatras tentavam, anos a fio, compreender a causalidade, os transexuais masculinos e femininos[77] recentemente

---

[75] Richard von Krafft-Ebing, *Psychopathia sexualis*, op.cit., p.649-50.
[76] Foi o endocrinologista americano Harry Benjamin, herdeiro de Magnus Hirschfeld, quem forjou esse termo em 1953.
[77] Três vezes mais homens que mulheres; 1 a 25 casos de transexualismo para cada 100 mil habitantes, segundo o *Dictionnaire de la sexualité humaine*, op.cit.

A sociedade perversa   215

redefinidos voltaram-se para a cirurgia e a endocrinologia, obrigando assim a medicina a se pronunciar a favor de uma metamorfose de seu sexo anatômico, julgada até então impossível.

Pela primeira vez na história da psiquiatria, foram então indivíduos que não sofriam de nenhuma anomalia, nem patologia orgânica, que, dispostos ao suicídio no caso de seu sofrimento psíquico não ser tratado com soluções corporais, lançaram à ciência médica do mundo inteiro[78] um autêntico desafio: ou a metamorfose, destinada a reparar uma "injustiça" da natureza, ou a morte e a autodestruição.[79]

Submetido a um protocolo aterrador, o transexual contemporâneo deve, em primeiro lugar, para ter direito a uma redefinição hormono-cirúrgica, apresentar provas de que não é perverso nem louco. É obrigado então a passar, durante dois anos, por uma avaliação, um check-up psiquiátrico e testes diversos. Durante esse período, deverá mostrar-se apto a viver no dia-a-dia como uma pessoa do sexo desejado, enquanto a equipe médica se encarregará dos encontros com sua família: seus pais, sua ou seu cônjuge, seus filhos, que assistirão à metamorfose do pai em mulher ou da mãe em homem. Após ter eliminado todos os riscos secundários, a equipe decidirá em seguida autorizar o paciente a seguir um tratamento anti-hor-

---

[78] As operações de redefinição hormono-cirúrgicas são praticadas em quase todos os países segundo protocolos e regras legais diferentes.

[79] A primeira operação dita de redefinição hormono-cirúrgica foi efetuada em 1952, por uma equipe dinamarquesa em George Jorgensen, transexual masculino de 27 anos. Várias tentativas haviam sido feitas desde 1912. Cf. Pierre-Henri Castel, *La métamorphose impensable: essais sur le transsexualisme et l'identité personnelle*, Paris, Gallimard, 2003. A literatura psicanalítica dedicada ao transexualismo é considerável e os pontos de vista, divergentes. Para uma síntese crítica de todas as abordagens, remetemos à tese de Claire Nahon, *Destins et figurations du sexuel dans la culture: pour une théorie de la transsexualité*, 2 vols., tese para obtenção do doutorado de psicopatologia fundamental e psicanálise, sob a orientação de Pierre Fédida e Alain Vanier, Universidade de Paris-VII, 2004.

216   A parte obscura de nós mesmos

monal: antiandrogênico para o homem, com depilação elétrica, progestativo para a mulher. Virá então a intervenção cirúrgica: castração bilateral e criação de uma neovagina no homem; amputação dos ovários e do útero na mulher, acompanhada de uma faloplastia.[80] Quando sabemos que o tratamento hormonal deverá durar a vida inteira e que o transexual operado nunca conhecerá, com tais órgãos, o menor prazer sexual, não podemos nos impedir de pensar que o gozo que ele sente em ter acesso dessa forma a um corpo inteiramente mutilado é de natureza igual ao do vivenciado pelos grandes místicos que ofereciam a Deus o suplício de sua carne atormentada.[81]

O interesse suscitado pelo transexualismo, e de uma maneira geral pela questão das metamorfoses da sexualidade, deu lugar a uma expansão sem precedentes de teorias e discursos sobre as diferenças entre o sexo (anatomia) e o gênero (construção identitária). Assim desenharam-se os contornos de uma representação política, cultural e clínica das relações entre os homens e as mulheres que terminou por se fundamentar tanto na orientação sexual quanto no pertencimento dito étnico: os heterossexuais (homens, mulheres, negros, brancos, mestiços, hispânicos etc.), os homossexuais (gays e lésbicas, negros, brancos etc.), os transexuais (homens, mulheres, gays, lésbicas, negros, brancos, mestiços etc.).

Como conseqüência, a noção de perversão não figura aí, uma vez que, nesse sistema, é a idealização do desvio que permite pensar não apenas todas as antigas perversões ditas sexuais, como também a estrutura perversa enquanto expressão de

---

[80] Na França, os transexuais que desejem, por meio de uma operação, tornar-se homossexuais não são admitidos para uma redefinição. É provável que um dia este direito lhes seja concedido, como em outros países.
[81] Cf. Catherine Millot, *Horsexe: essais sur le transsexualisme*, Paris, Point Hors Ligne, 1983.

A *queer theory*[82] é provavelmente a versão mais radicalizada não apenas de uma vontade de desconstruir integralmente a diferença sexual, como de um projeto visando a abolir a idéia de que a perversão possa ser necessária à civilização. Essa teoria rejeita ao mesmo tempo o sexo biológico e o sexo social, cada indivíduo sendo reputado livre para adotar a qualquer momento a posição de um ou do outro sexo, suas roupas, seus comportamentos, suas fantasias, seus delírios. Daí a afirmação de que as práticas sexuais transgressivas — promiscuidade, pornografia, fetichismo, voyeurismo etc. — não passariam do equivalente das normas promulgadas pela sociedade dita heterossexual.[83]

Como vemos, o discurso da *queer theory* também não passa de uma mera continuação, sob uma forma puritana, da utopia sadiana. Mas ali onde Sade fazia do crime, do incesto e da sodomia os fundamentos de uma sociedade imaginária centrada na inversão da Lei, a *queer theory* transforma a sexualidade humana em uma erótica domesticada na qual é rechaçada qualquer referência ao amor pelo ódio. Ela é de certa forma o avesso inteligente e sofisticado das classificações do *DSM*. Pode-se então sustentar que, seja qual for porventura a extrema acuidade de suas análises, esse discurso da reconversão das figuras da sexualidade perversa numa combinatória dos papéis e das posturas é uma nova maneira de normalizar a sexualidade. Apagar as fronteiras e negar à perversão sua força transgressiva no dispositivo da sexualidade humana, a ponto de censurar

---

[82] *Queer* significa "estranho". O termo foi por muito tempo utilizado para designar de forma pejorativa os homossexuais. E estes então o assumiram como o emblema mais radical de um movimento que pretende relativizar, até mesmo "desnormalizar", o que é chamado, desde a invenção do termo "homossexualidade", de heterossexualidade.

[83] O termo "heterossexualidade" foi criado pelos psiquiatras do fim do século XIX para designar, em relação à homossexualidade, ao transgênero e à transexualidade, uma orientação sexual que diz respeitar a diferença anatômica.

218   A parte obscura de nós mesmos

seu nome, significa fazer da noção de apagamento a medida de toda norma.

Criador do conceito de gênero (*gender*) e pioneiro na emancipação dos transexuais,[84] aos quais conferiu dignidade outorgando um status psíquico ao seu sofrimento (sem com isso estimular nem recusar a redefinição hormono-cirúrgica), Robert Stoller foi o único, entre os pós-freudianos americanos oriundos da quarta geração mundial, a ousar produzir, a partir de uma prática clínica da perversão, um discurso que, embora afirmando sua permanência, sua necessidade e suas metamorfoses no cerne das sociedades humanas, não a reduzia a um puro desvio. Stoller dirigia para os psicanalistas de sua época, afundados numa ortodoxia moral que os tornava inaptos a pensar essa questão, um olhar de uma ferocidade inaudita. E, entretanto, nunca cedeu às ilusões dos apaixonados pelo gozo orgásmico. "O psicanalista", escrevia ele em 1975,

> entrega-se ao discurso sobre a moral como o beberrão à bebida. Nunca tive a intenção de me juntar a esses augustos censores do comportamento sexual que se arvoram a dizer se a liberdade sexual é boa ou má para a sociedade, ou que se pronunciam sobre as leis e a maneira como elas deveriam ser aplicadas para garantir nossa ordem moral.[85]

Porém, acrescentou em 1979:

> A psicanálise não é mais manchete nos dias de hoje ... . Entretanto, que outro empreendimento, que outro tratamento, que outra forma de estudo do ser humano repousa tão fun-

---

[84] Robert Stoller, *Recherches sur l'identité sexuelle* (1968), Paris, Gallimard, 1978.

[85] Robert Stoller, *La perversion* (Nova York, 1975), Paris, Payot, 1978, p.192.

A sociedade perversa 219

damentalmente numa curiosidade e numa interrogação tão incessantes, na exigência absoluta de que o indivíduo encontre sua verdade — livre do sortilégio, do segredo e da erotização do estado de vítima? Com uma espantosa rapidez, a psicanálise passou da revolução à respeitabilidade, depois à mitologia caduca. Não penso todavia que uma sociedade livre possa prescindir dela com facilidade.[86]

Essas palavras de Stoller são mais que nunca atuais. Pois, se o movimento psicanalítico soube, há 100 anos, elaborar uma clínica coerente da psicose e implementar novas abordagens da neurose — hoje contestadas por teorias e práticas perversas —, negligenciou a questão histórica, política, cultural e antropológica da perversão, interrogando-se essencialmente sobre sua estrutura[87] no sentido clínico do termo. Por conseguinte e durante anos, os psicanalistas permaneceram cegos às transformações do olhar que a sociedade dirigia para o perverso e que aqueles designados como tais dirigiam para si mesmos, à medida que rejeitavam, em sua luta emancipatória, as classificações da psicopatologia.

Os herdeiros de Freud temiam que clínicos perversos — abusadores sexuais, gurus transgressivos, sedutores inveterados etc. —[88] se dissimulassem em suas associações para se entregarem a seu furor destruidor. E, por conseguinte, durante

---

[86] Robert Stoller, *L'Excitation sexuelle* (Nova York, 1979), Paris, Payot, 1984, p.280.

[87] A literatura psicanalítica é abundante a respeito desse tema. Na França, a obra de referência permanece a de Piera Aulagnier, Jean Clavreul, François Perrier, Guy Rosolato e Jean-Paul Valabrega, *Le désir et la perversion*, Paris, Seuil, 1967.

[88] Abordei essa questão em *O paciente, o terapeuta e o Estado* (Paris, 2004), Rio de Janeiro, Zahar, 2005. Cf. também G. Gozlan, "Abus sexuels de patients par leur thérapeute: revue de la littérature et indications pour la prise en charge", *Journal de Médecine Légal et de Droit Medical* 35, 1992.

três quartos de século, apoiando-se equivocadamente nos conceitos de renegação ou de clivagem, enganaram-se de alvo proibindo aos homossexuais — julgados perversos em virtude de sua homossexualidade[89] — acesso à profissão de psicanalista. Com essa atitude, não apenas mantiveram-se distantes dos novos desafios da sociedade civil, como consideraram que os perversos seriam inaptos à confrontação com seu inconsciente.

Entretanto, há tantos perversos na comunidade psicanalítica quanto no conjunto da sociedade. Ainda assim, os que praticam abusos sexuais em seus pacientes (o que é uma perversão do tratamento) são pouco numerosos,[90] marginalizados e, se for o caso, punidos por seus pares, quando não pela justiça. Quanto aos grandes clínicos da perversão — de Masud Khan a Stoller passando por François Peraldi —[91], sempre formaram, na história do freudismo, uma comunidade à parte, como se, tendo firmado um pacto com o diabo, assumissem sempre o risco de se verem acusados de cúmplices do que os apaixona.

---

[89] Repetimos novamente que a homossexualidade como tal não tem nada de uma perversão.

[90] Entre 5 e 10% dos analistas.

[91] Masud Khan (1924-89): psicanalista inglês, de origem indiana, autor de diversas obras sobre a perversão, entre as quais *Figures de la perversion*, Paris, Gallimard, 1981. Acusado de bissexualidade e loucura, por sua prática julgada transgressiva do tratamento, foi excluído da British Psychoanalytical Society. François Peraldi (1938-93): psicanalista francês, atuante no Canadá. Homossexual declarado, apaixonado pelas sexualidades transgressivas, era, por sua prática, um clínico clássico. Morreu de aids. Na França, Joyce Mc Dougall, provavelmente a maior clínica francesa de sua geração, sempre defendeu um olhar diferente para os anormais, um pouco na linha de Stoller. Cf. *Em defesa de uma certa anormalidade* (Paris, 1975), Porto Alegre, Artes Médicas, 1983. Cf. Também Henri Rey-Flaud, *Le démenti perverse*, op.cit. E Gérard Bonnet, *Les perversions sexuelles*, Paris, PUF, col. Que Sais-Je?, 2001; *Le remords: psychanalyse d'un meurtrier*, Paris, PUF, 2001; *Voir, être vu: figures de l'exhibitionnisme aujourd'hui*, Paris, PUF, 2005.

A sociedade perversa 221

E, não obstante, a abordagem das perversões e dos perversos pela psicanálise está em plena expansão depois que psicanalistas homossexuais conseguiram impor seus direitos em suas associações e sair da clandestinidade. E, como a própria sociedade acha-se cada vez mais fascinada pela exploração de sua intimidade sexual, os perversos fora do alcance da Lei[92] dispõem de mais recursos ao tratamento psíquico, uma vez esgotados todos os recursos da sexologia e da farmacologia.

Talvez um dia, em virtude de opor uma negação a tudo que deriva de uma subjetividade inconsciente, o discurso científico consiga convencer que a perversão não passa de uma doença e que os perversos podem ser eliminados do corpo social. Mas isso significará então que a palavra "desvio" terá se imposto para designar, de forma perversa, todos os atos transgressivos de que a humanidade é capaz: os piores e os melhores. É possível então que tenhamos, ao preço de uma crença numa eventual erradicação do mal absoluto, de renunciar à admiração que dedicamos a boa parte dos que fazem a civilização avançar.

E depois, supondo que tal fato se dê e que não sejamos mais capazes de nomear a perversão, isso não evitará que nos vejamos confrontados com suas metamorfoses subterrâneas: a parte obscura de nós mesmos.

---

[92] Os perversos sexuais criminosos podem igualmente ser tratados pela psicanálise, e às vezes com eficácia, em instituições.

Agradecimentos

Este livro tem como ponto de partida uma conferência realizada em 25 de agosto de 2004, em Belo Horizonte, para a abertura do simpósio anual da International Federation of Psychoanalytic Societies (IFPS), dedicado às múltiplas faces da perversão. Pronunciei-a em francês, com tradução simultânea em diversas línguas, a pedido dos organizadores que desejavam homenagear a língua francesa por ocasião dessa manifestação onde estavam reunidos os membros de sua Federação, fundada em 1962, e composta de sociedades psicanalíticas de diversos países, à exceção da França. Agradeço-lhes aqui por me haverem sugerido abordar um assunto como esse naquela data, que era — e eles sabiam — a do sexagésimo aniversário da libertação de Paris.

Retomei em seguida o tema durante o ano universitário de 2005-06, no meu seminário da École Pratique des Hautes Études dedicado à história das perversões.

Agradeço a todos aqueles que, de uma maneira ou de outra, contribuíram na elaboração deste trabalho: Stéphane Bou, Didier Cromphout, Elisabeth de Fontenay, Sylvère Lotringer, Michael Molnar, François Ost, Michel Rotfus, Catherine Simon, Philippe Val.

E, naturalmente, a Olivier Bétourné, meu editor.

COLEÇÃO TRANSMISSÃO DA PSICANÁLISE

Não Há Relação Sexual
Alain Badiou

Fundamentos da Psicanálise
de Freud a Lacan
(4 volumes)
Marco Antonio Coutinho Jorge

Histeria e Sexualidade
Transexualidade
Marco Antonio Coutinho Jorge;
Natália Pereira Travassos

Por Amor a Freud
Hilda Doolittle

A Criança do Espelho
Françoise Dolto e J.-D. Nasio

O Pai e Sua Função em Psicanálise
Joël Dor

Introdução Clínica à
Psicanálise Lacaniana
Bruce Fink

A Psicanálise de Crianças
e o Lugar dos Pais
Alba Flesler

Freud e a Judeidade
Betty Fuks

A Psicanálise e o Religioso
Phillipe Julien

O Que É Loucura?

Gozo

Simplesmente Bipolar
Darian Leader

Freud e a descoberta do
inconsciente
Octave Mannoni

5 Lições sobre a
Teoria de Jacques Lacan

9 Lições sobre Arte e Psicanálise

Como Agir com um
Adolescente Difícil?

Como Trabalha um Psicanalista?

A Depressão É a Perda de uma Ilusão

A Dor de Amar

A Dor Física

A Fantasia

Os Grandes Casos de Psicose

A Histeria

Introdução à Topologia de Lacan

Introdução às Obras de Freud,
Ferenczi, Groddeck, Klein,
Winnicott, Dolto, Lacan

Lições sobre os 7 Conceitos
Cruciais da Psicanálise

O Livro da Dor e do Amor

O Olhar em Psicanálise

Os Olhos de Laura

Por Que Repetimos os Mesmos Erros?

O Prazer de Ler Freud

Psicossomática

O Silêncio na Psicanálise

Sim, a Psicanálise Cura!
J.-D. Nasio

Guimarães Rosa e a Psicanálise
Tania Rivera

A Análise e o Arquivo

Dicionário amoroso da psicanálise

Em Defesa da Psicanálise

O Eu Soberano

Freud – Mas Por Que Tanto Ódio?

Lacan, a Despeito de Tudo e de Todos

O Paciente, o Terapeuta e o Estado

A Parte Obscura de Nós Mesmos

Retorno à Questão Judaica

Sigmund Freud na sua Época
e em Nosso Tempo
Elisabeth Roudinesco

O Inconsciente a Céu Aberto da Psicose
Colette Soler

1ª EDIÇÃO [2008] 9 reimpressões

ESTA OBRA FOI COMPOSTA POR SUSAN JOHNSON
EM FRUTIGER E GRANJON E IMPRESSA EM OFSETE PELA
GRÁFICA BARTIRA SOBRE PAPEL ALTA ALVURA DA SUZANO S.A.
PARA A EDITORA SCHWARCZ EM MAIO DE 2024

A marca FSC® é a garantia de que a madeira utilizada na fabricação do papel deste livro provém de florestas que foram gerenciadas de maneira ambientalmente correta, socialmente justa e economicamente viável, além de outras fontes de origem controlada.